CHRISTIANE WEGNER

SCHÖNE FLECHTFRISUREN

- FÜR JEDE HAARLÄNGE
- SCHRITT FÜR SCHRITT ERKLÄRT

Weltbild

INHALT

CHRISTIANES

VIDEO-TUTORIALS

Um es euch, liebe Flechterinnen, noch einfacher zu machen, habe ich für euch Grundtechniken, Tricks und Teilschritte zu einigen Frisuren als Video-Tutorials zusammengestellt.

Ihr findet passende QR-Codes im Buch jeweils neben den Flechtfrisuren. Falls ihr keine Scanner-Funktion auf eurem Smartphone zur Verfügung habt, könnt ihr die Videos natürlich auch im Internet aufrufen.

Am Schluss des Buches findet ihr ein übersichtliches Videoverzeichnis.

FLECHTFRISUREN ZUM TRÄUMEN

Ob Berlinale oder Bambi, Oktoberfest oder Love Parade: Flechtfrisuren, wohin man blickt!

Längst sind sie mehr als zwei brave Kleinmädchen-Zöpfe. Auf den Prêt-à-porter-Schauen in Paris oder der Fashion Week in London feiern sie auch in der Haute Couture ihr Comeback. Kunstvoll oder verwegen, mit Blumen oder Bändern geschmückt oder einfach als praktische Bändigung einer „langen Mähne": Flechtfrisuren stehen für modisches Selbstbewusstsein.

Was Designer und Frauen gleichermaßen schätzen, sind die fast unendlichen Variationsmöglichkeiten von geflochtenen Haaren. Neben den klassischen Zöpfen setzt man heute Akzente, betont den Pony, oder kreiert den Undone Look, den viele Stars und Promis uns auf dem roten Teppich zeigen.

Flechtfrisuren sind für jede Haarlänge und jede Haarstärke geeignet, ganz gleich, ob glatt oder lockig. Eine Flechtfrisur kann sportlich, elegant, verspielt, romantisch oder verwegen aussehen. Probiert es aus und kreiert euren ganz eigenen Look!

In diesem Buch erkläre ich euch Schritt für Schritt in Fotos und Videos, wie **einfach** flechten ist, und wie viel Spaß man dabei haben kann. Dabei stehen euch zahlreiche Varianten zur Auswahl, die ihr miteinander kombinieren könnt. Eurem Ideenreichtum steht nichts im Wege.

Das Tolle an geflochtenem Haar ist außerdem, dass es nicht nur gut aussieht und hip ist. Es hinterlässt auch noch traumhafte Wellen, wenn ihr das Haar feucht einflechtet. Lasst eure Flechtfrisur einmal über Nacht im Haar: Ihr werdet mit wunderschön gewellten Locken wach werden!

Ich zeige euch einfache und schnelle, aber auch raffinierte oder liebliche Flechtfrisuren, die man zu den unterschiedlichsten Anlässen oder auch im Alltag tragen kann. Angefangen bei zwei süßen, klassisch geflochtenen Zöpfen, dem Kupferzopf, dem Wasserfall bis hin zu Dutts und Kordeln und vielem mehr. Nun wünsche ich viel Spaß! Haare flechten macht gute Laune!

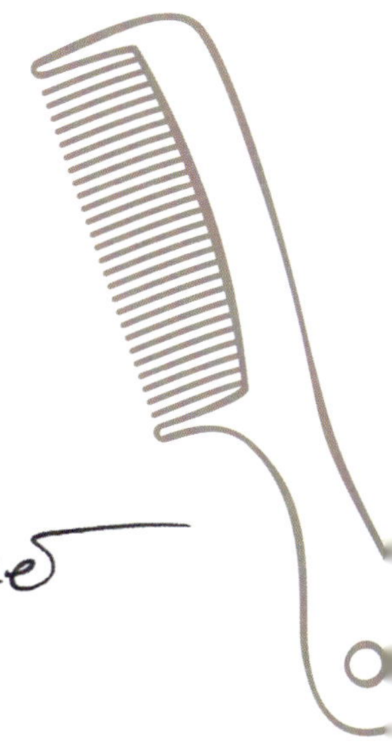

Eure

MATERIAL

Diese Materialien werden in unserem Buch verwendet:

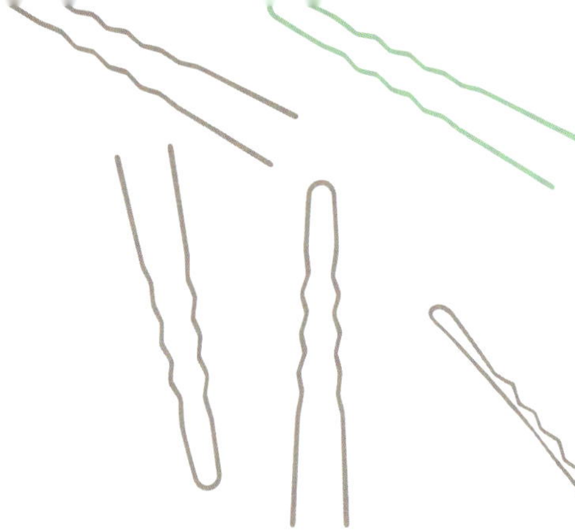

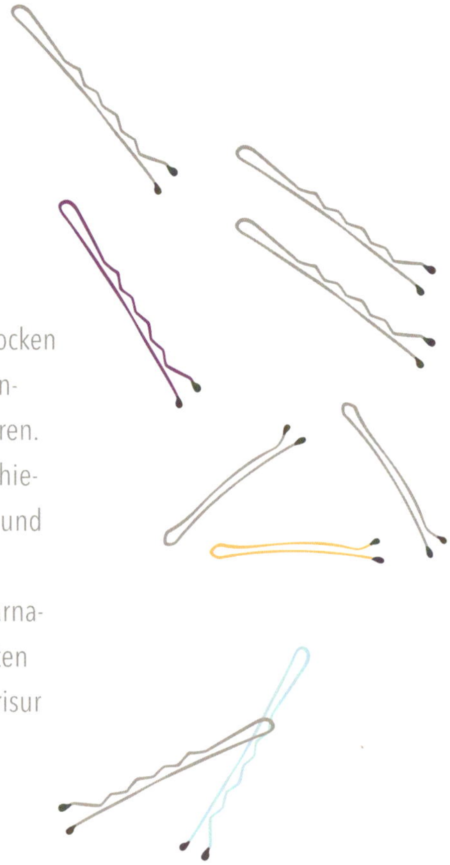

HAARGUMMIS

Es gibt Haargummis in vielen Varianten: aus Metall, Silikon oder Frottee.

Generell ist der Grundsatz nicht verkehrt: Dicke Haargummis für dickes Haar, dünnes Haar besser mit dünnen Gummis zusammenhalten.

DURCHSICHTIGE HAARGUMMIS gibt es in gut sortierten Friseurbedarfsläden, im Internet oder beim Friseur des Vertrauens.
Es eignen sich auch durchsichtige Loom-Bänder.

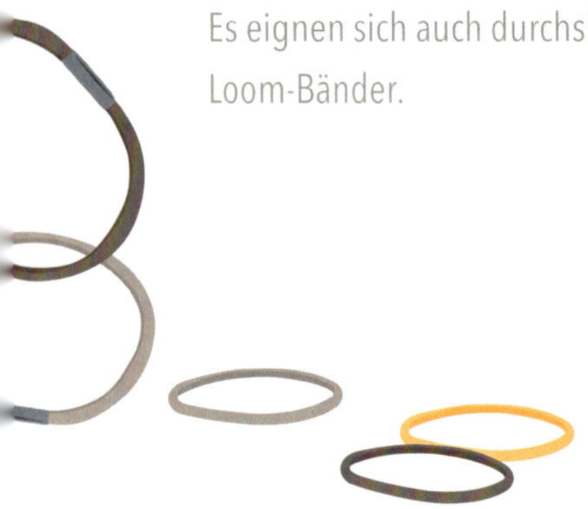

HAARNADELN

Mit Haarnadeln könnt ihr Locken gut feststecken oder z. B. einzelne Haarsträhnen definieren. Haarnadeln gibt es in verschiedenen Längen, Haarfarben und Stärken.
Zusätzlich gibt es auch Haarnadeln mit Strasssteinen, Blüten oder auch Perlen, um die Frisur zu schmücken.

DONUT (KNOTENRING)

Ein Knotenring besteht aus Schaumstoff. Es gibt ihn in mehreren Farben und Größen. Donuts gebraucht man gerne als Füllmaterial für Dutts.

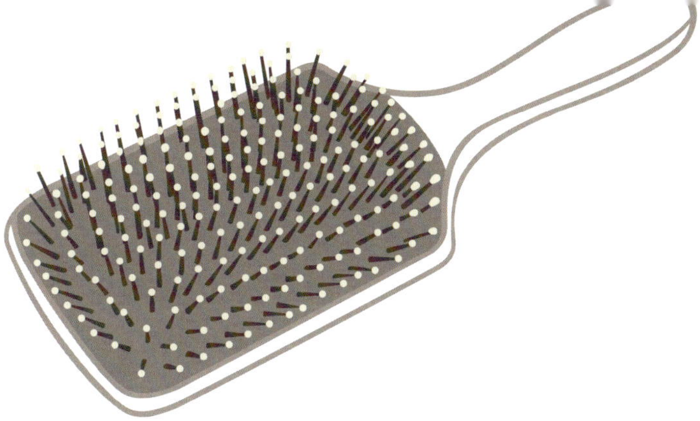

MATERIAL

BÜRSTEN

PNEUMATIKBÜRSTEN mit Natur und Kunststoffborsten glätten die Schuppenschicht der Haare und sorgen für seidigen Glanz.

Mit der **PADDELBÜRSTE** lässt sich gut langes Haar durchkämmen.

Die schmale **TOUPIERBÜRSTE** ist ideal, um den Ansatz zu toupieren, Flächen sauber zu kämmen, aber auch, um toupiertes Haar wieder auszubürsten.

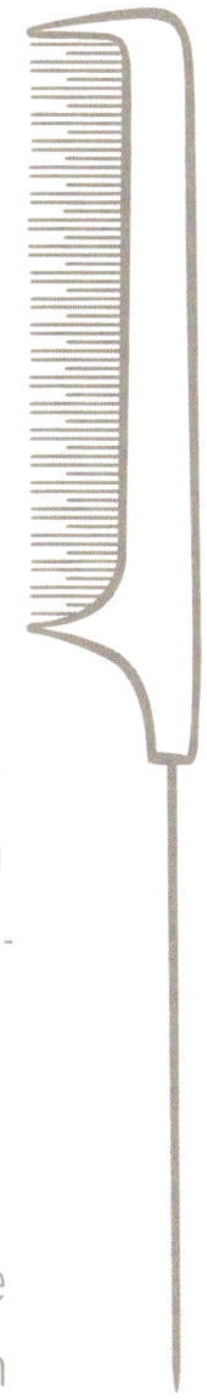

STIELKÄMME

Es gibt viele Arten von Stielkämmen. Eigenschaften eines guten Kamms sind: Flexibilität, Antistatik und runde, möglichst feine Zähne für ein widerstandsloses Gleiten durchs Haar. Hat ein Kamm zugleich kurze und lange Zähne, handelt es sich um einen Toupierkamm.

HAARKLAMMERN

Mit Haarklammern könnt ihr Locken oder den geflochtenen Zopf gut feststecken. Haarklammern gibt es in mehreren Farben und Längen.

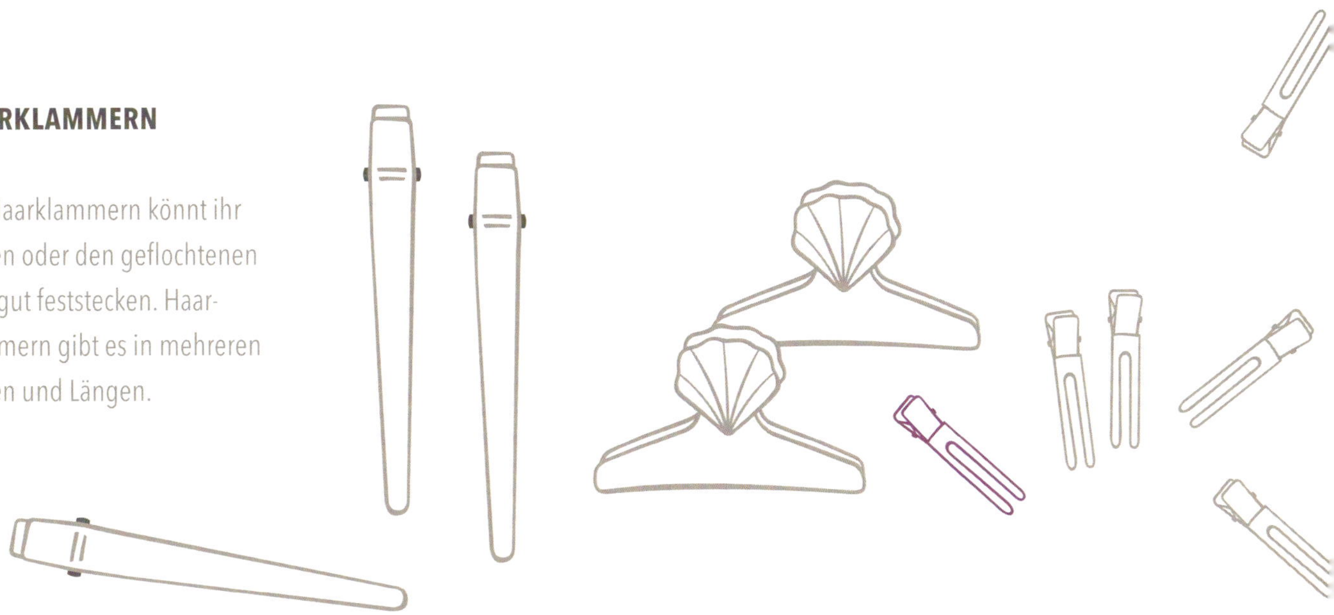

MATERIAL

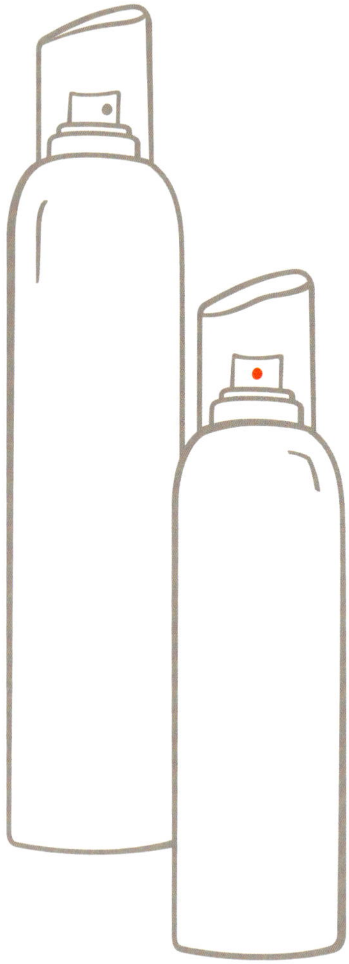

HAARSPRAY

Haarspray braucht ihr, um der Frisur dauerhaften Halt zu geben und sie zu festigen.

WASSERSPRITZE

Mit der Wasserspritze könnt ihr einzelne Haarsträhnen befeuchten, damit sie besser zu verarbeiten sind. Wichtig ist es, die Wasserspritze feinnebelig einzustellen.

GLANZSPRAY

Für einen brillanten Haarglanz könnt ihr ein Glanzspray als Finish verwenden.

GLÄTTEISEN

Mit einem Glätteisen kann man Haare schonend glätten und auch Locken formen. Wichtig ist nur, dass das Glätteisen nicht zu heiß eingestellt wird.

ACCESSOIRES

Diese Accessoires werden in unserem Buch verwendet:

CURLYS (HAARSPIRALEN)

Curlys sind schöne Accessoires fürs Haar. Aufgrund der Spirale schraubt man sie ins Haar, dadurch festigen sie die Frisur zusätzlich, sitzen sicher im Haar und können nicht mehr herausfallen. Mit Curlys könnt ihr Frisuren schmücken oder einzelne Flechtelemente unterstreichen.

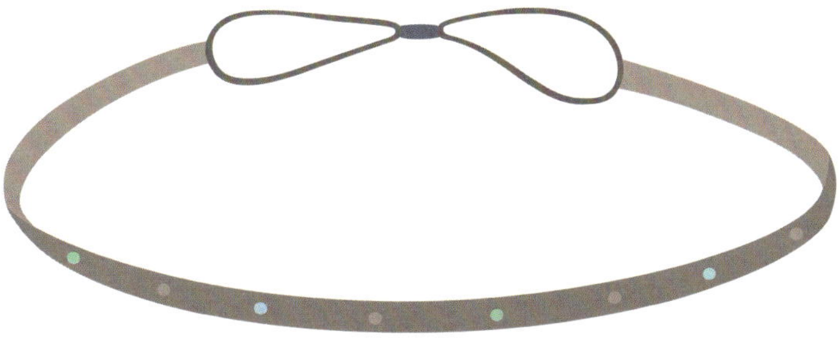

HAARBÄNDER

Haarbänder gibt es in verschiedenen Ausführungen, mal mit Perlen oder Rosen oder einfach nur schlicht. Sie sind vielseitig einsetzbar als Stirnband oder z. B., um einen Dutt zu schmücken.

HAARBEREICHE

Diese Begriffe werden in unserem Buch verwendet:

- Oberkopf
- Hinterkopf
- Kontur

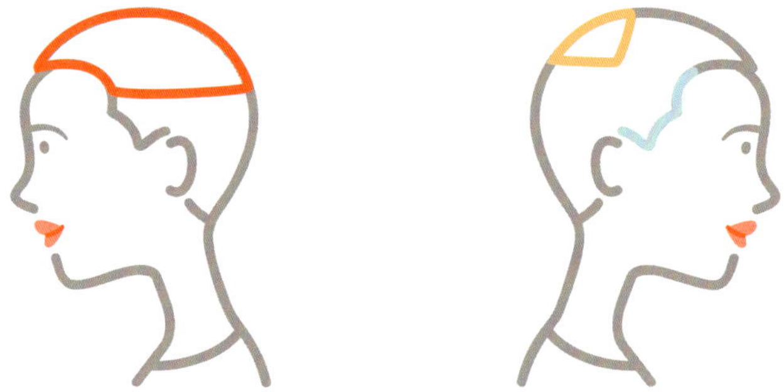

SCHEITELARTEN

- Seitenscheitel
- Zickzackscheitel
- Mittelscheitel

KOPFBERREICHE

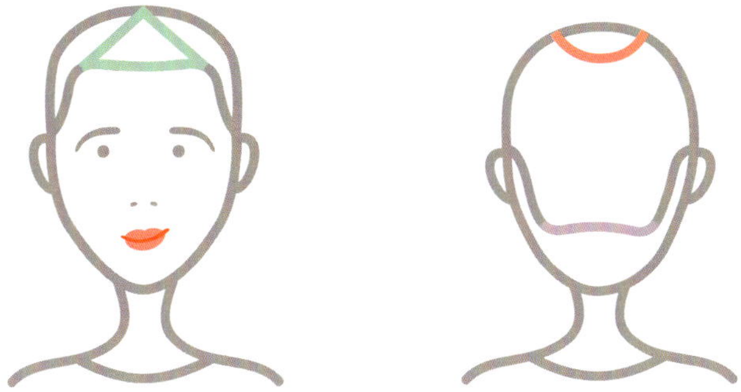

- Ponypartie / Stirnpartie
- Hinterkopf
- Nacken

PASSÉ

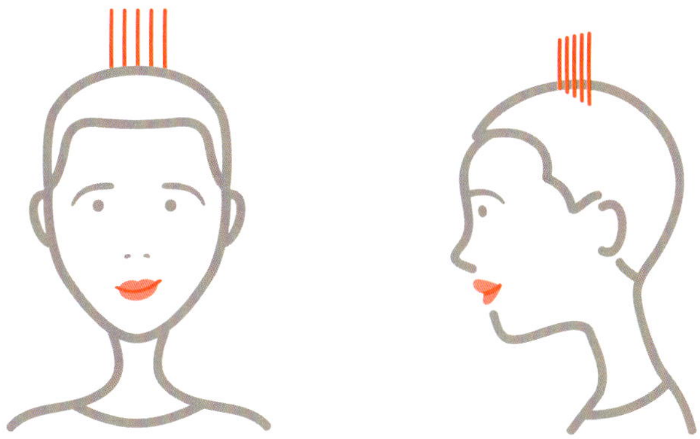

Das Wort „Passé“ kommt in den meisten Anleitungen vor. Es handelt sich um eine Haarpartie von 1–2 cm Breite, mit der weitergearbeitet wird.

TIPP

Ob frisch gewaschenes Haar sich zum Flechten nun am besten eignet, daran scheiden sich die Geister. **Grundsätzlich gilt für alle Flechtfrisuren:** Die Haarpartie, an der man arbeitet, am besten mit der Wasserflasche leicht anfeuchten – so fällt das Flechten oft leichter.

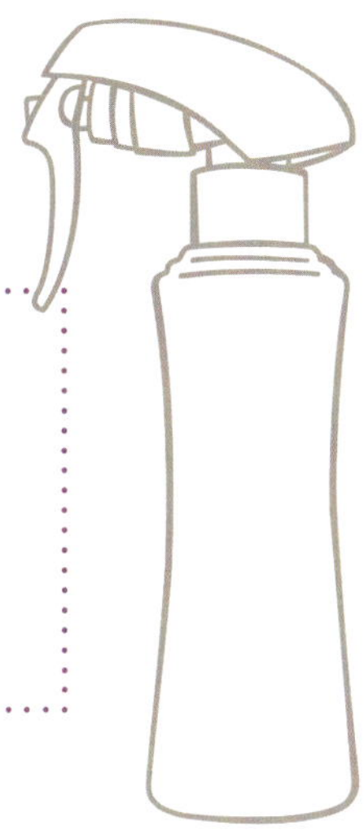

TECHNIKEN

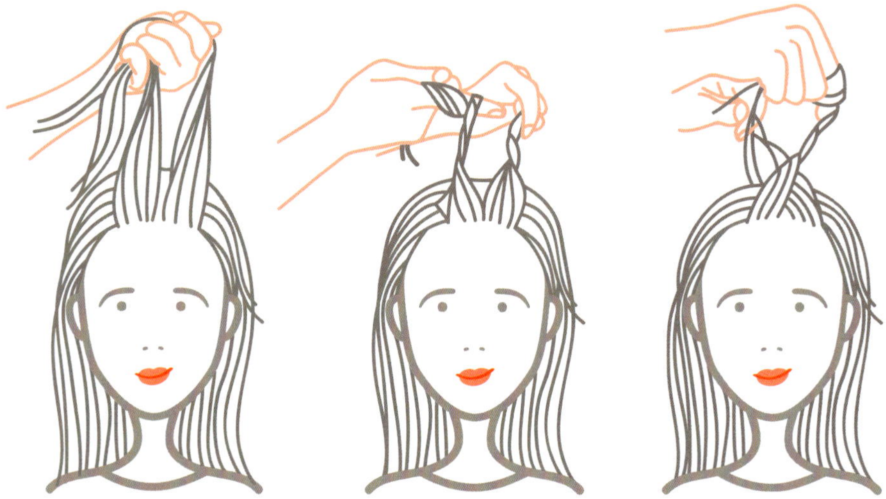

ZWIRBELN UND KORDELN

Beim Zwirbeln und Kordeln geht es darum, dass man zwei Strähnen in die gleiche Richtung dreht, also zwirbelt, und dann die beiden Strähnen übereinander gegen die Richtung schlägt und diese Bewegung wiederholt.

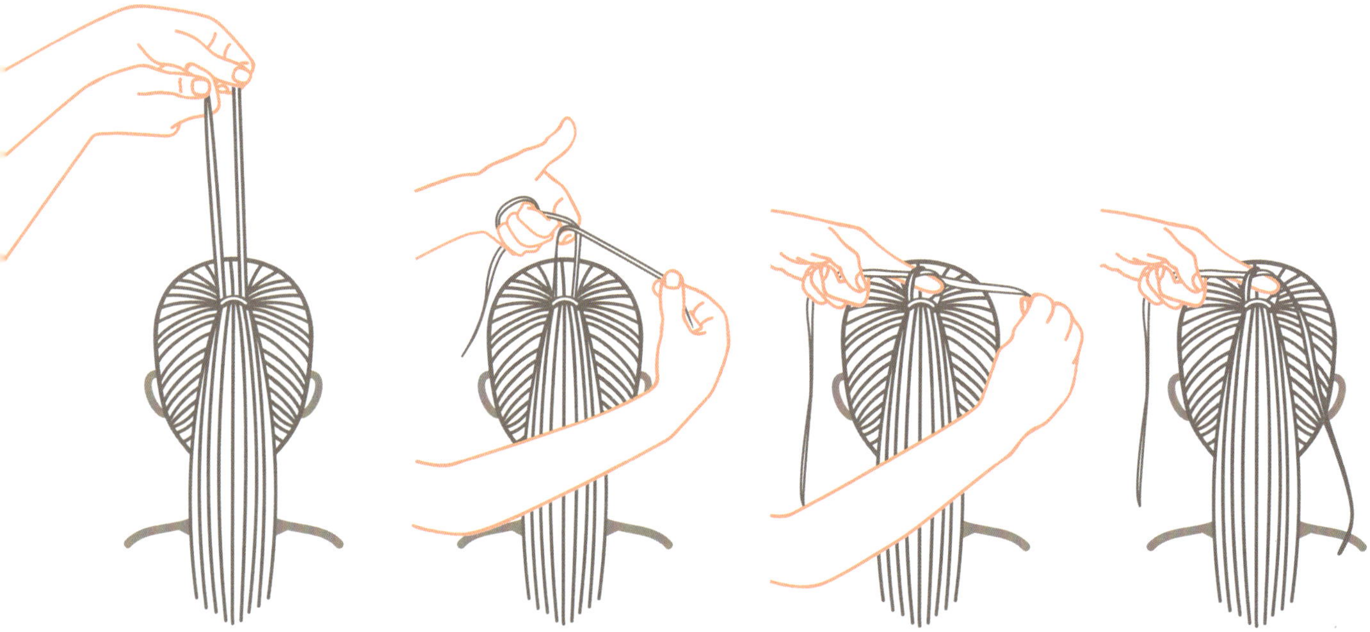

KNOTEN

Mit Knoten ist tatsächlich der einfache Knoten gemeint, das heißt, ihr nehmt zwei Strähnen, kreuzt sie voreinander, die vordere Strähne geht hinter die Strähne, dann durch beide Strähnen untendurch.

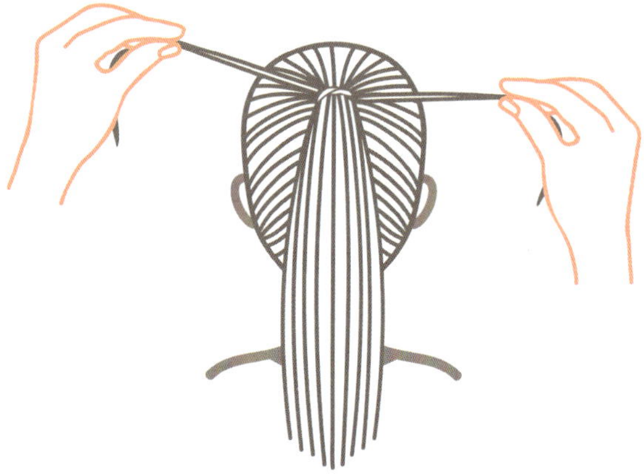

TOUPIEREN

Am besten toupiert ihr, indem ihr die Haarsträhne mit der einen Hand festhaltet und mit dem Toupierkamm von der Spitze zum Ansatz hin runterkämmt. Diesen Vorgang wiederholt ihr mehrmals mit der gleichen Strähne, bis ihr das Gefühl habt, dass die Toupage fest genug ist.
Die Toupage sollte immer nur am Ansatz sein.

TIPPS

STRÄHNEN UND ZÖPFE FESTSTECKEN:

- **Immer geriffelte Haarnadeln** benutzen – sowohl bei engen als auch bei U-förmigen Haarnadeln. Die geriffelte Seite zeigt nach oben!
- **Die engen Haarklammern beim Einschieben vorne öffnen,** damit ihr die Strähne damit auch zu fassen bekommt.
Die U-förmigen Haarnadeln vor dem Einschieben leicht Zusammendrücken, so rutschen sie nicht so schnell heraus.
- **Feine Härchen,** die aus den Steckfrisuren fallen, mit Haarspray anlegen.
- **Für einen besseren Halt** benutzt zwei Haarklammern, die ihr überkreuzt – die Riffel verhaken sich so ineinander und bleiben besser stecken.
- **Beim Zöpfe feststecken** die Haarnadel erst in Richtung des Haarverlaufs einstecken, dann drehen und in den Zopf in der entgegengesetzten Richtung festschieben.

Tipps & Tricks zum Feststecken:

GRUNDTECHNIKEN

GRUNDTECHNIK

EINFACHER DREI-STRÄHNEN-ZOPF

Schritt 1:

Teilt den kompletten Zopf in drei Strähnen. Legt die rechte Strähne über die mittlere.

Schritt 2:

Legt nun die linke Strähne über die vorherig rechte, jetzt mittlere Strähne.

Schritt 3:

Nun legt die rechte Strähne wieder über die neue mittlere Strähne.

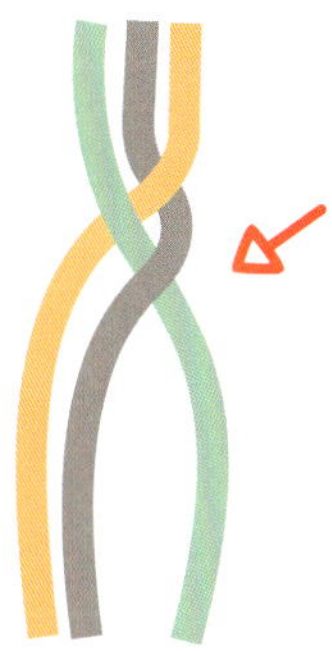

Schritt 4:

Ebenso legt ihr die linke wieder über die neue mittlere Strähne.

Schritt 5:

So macht ihr weiter, bis keine Haare mehr übrig sind, und bindet das Ende mit einem Zopfgummi fest.

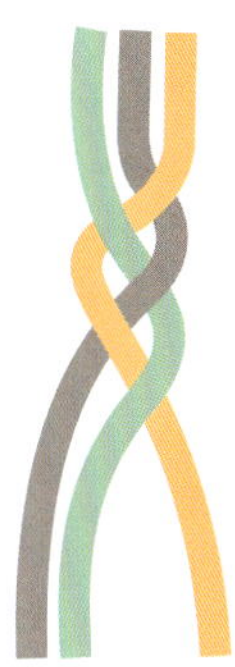

Hier nochmal als Video-Tutorial:

GRUNDTECHNIK

FRANZÖSISCHER ZOPF

Schritt 1:

Kämmt alle Haare nach hinten und teilt ein Passé an der Stirnpartie ab, welches ihr in drei gleich große Stränge unterteilt.

Schritt 2:

Flechtet als Anfang einmal nach der einfachen Flechttechnik mit den drei Strängen. Nehmt dann zum rechten Strang eine neue Haarsträhne von rechts mit dazu …

Schritt 3:

… und legt diese zusammengefügt über den mittleren Strang.

Schritt 4:

Nehmt nun zum linken Strang ebenfalls eine Haarsträhne von links dazu …

Schritt 5:

… und legt diese zusammengefügt über den mittleren Strang. Diesen Vorgang wiederholt ihr, bis alle Haare aufgebraucht sind.

Hier nochmal als Video-Tutorial:

GRUNDTECHNIK

HOLLÄNDISCHER ZOPF

Schritt 1:

Kämmt alle Haare nach hinten und teilt ein Passé ab, welches ihr in drei gleich große Stränge unterteilt.

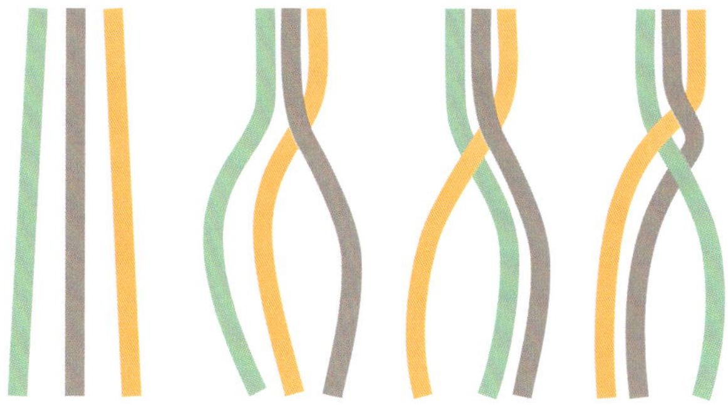

Schritt 2:

Flechtet nun, indem ihr den rechten Strang unter den mittleren Strang legt und danach den linken Strang unter den nun neuen mittleren Strang.

Schritt 3:

Zum rechten Strang nehmt ihr nun eine Strähne von rechts mit hinzu und führt diese zusammengefügt …

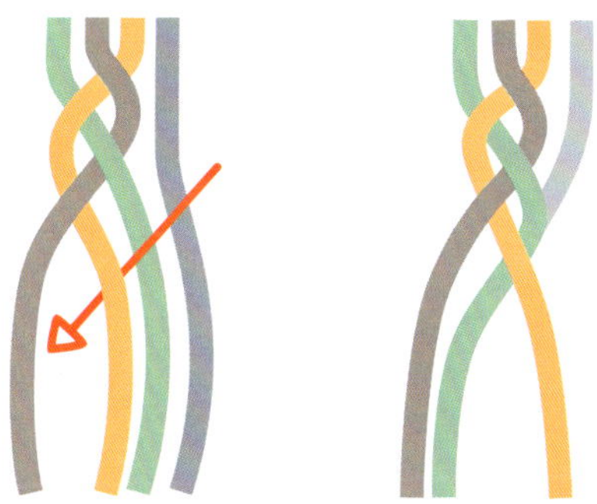

Schritt 4:

… unter den mittleren Strang.

Schritt 5:

Zum linken Strang nehmt ihr nun ebenfalls eine Strähne von links und führt diese zusammengefügt unter den mittleren Strang. Dies wiederholt ihr, bis alle Haare aufgebraucht sind.

Hier nochmal als Video-Tutorial:

GRUNDTECHNIK

FISCHGRÄTENZOPF

Schritt 1:

Teilt den Zopf in zwei gleich große Strähnen. Zieht eine dünne Strähne aus dem linken Zopf…

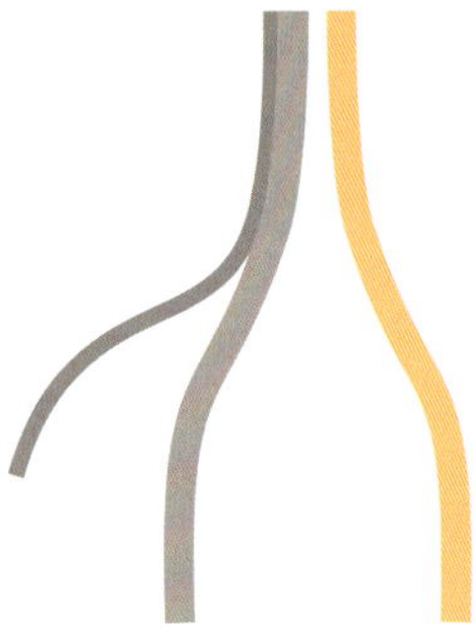

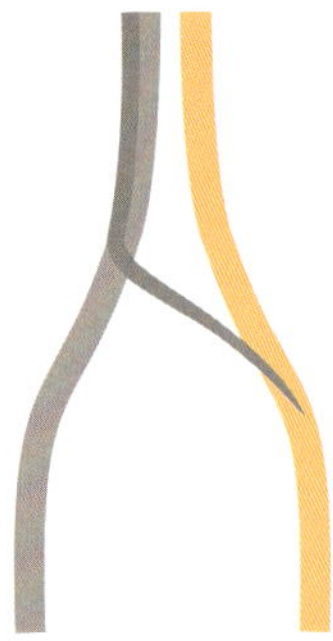

Schritt 2:

… und legt diese rüber zum rechten Zopf. Die Strähne ist nun im Strang des rechten Zopfes integriert.

Schritt 3:

Zieht nun aus dem rechten Zopf eine dünne Strähne heraus und legt diese…

Schritt 4:

… rüber zum linken Zopf. Die Strähne ist nun im Strang des linken Zopfes integriert.

Schritt 5:

Fangt nun wieder links an und flechtet bis zum Ende des Zopfes herunter. Fixiert die Haare mit einem Haargummi.

Hier nochmal als Video-Tutorial:

PFERDESCHWANZ UMWICKELN

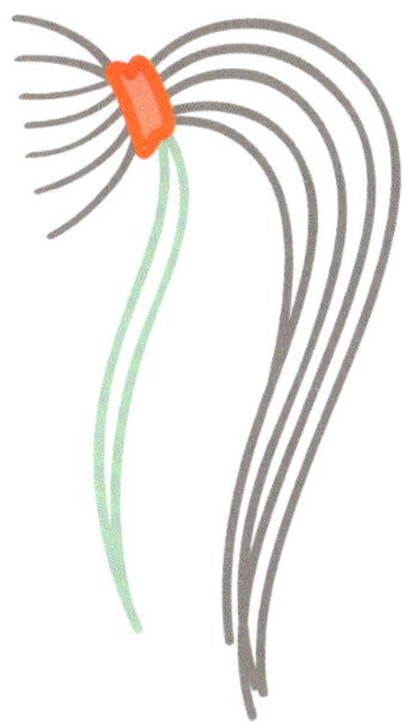

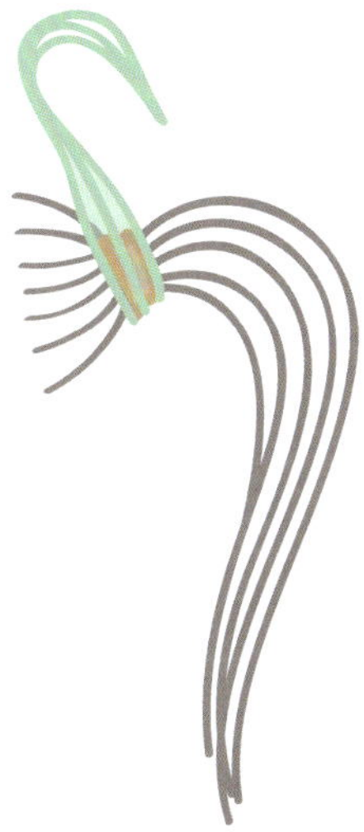

Schritt 1:

Nehmt aus dem gebundenen Pferdeschwanz unten eine Strähne…

Schritt 2:

… und schlagt diese so oft, wie es die Länge der Strähne erlaubt, über das Haargummi.

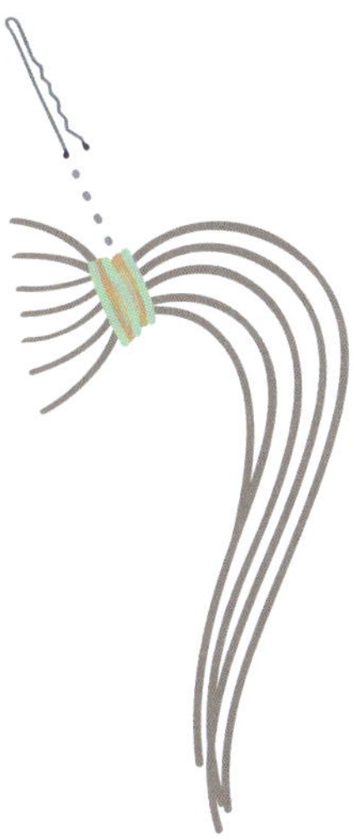

Schritt 3:

Steckt die Strähne mit Haarnadeln fest.

PRAKTISCH & SCHNELL

FLECHTSCHLANGE

Fertig in 5 Minuten

MATERIAL

- 2 Haargummis
- 1 Haarnadel

Schritt 1:
Ausgangsfrisur ist ein Seitenzopf, beginnend auf Höhe des Ohres. Entnehmt eine dünne Strähne vom Zopf und umwickelt den Zopf, damit das Haargummi versteckt ist.

Schritt 2:
Steckt die Strähne mit einer Haarnadel fest.

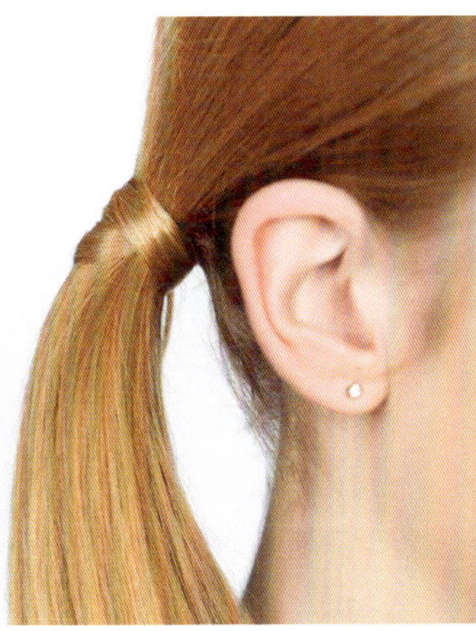

Schritt 3:
Teilt den Zopf in zwei Strähnen.

Schritt 4:
Flechtet die eine Hälfte des Zopfes.

Schritt 5:
Fixiert den geflochtenen Zopf mit einem Haargummi.

Schritt 6:
Nun wickelt den geflochtenen Zopf um den nicht geflochtenen Zopf.

Schritt 7:
Schlagt ihn mehrmals um den nicht geflochtenen Zopf.

Schritt 8:
Am Ende fixiert beide Zöpfe mit einem Haargummi.

HOLLÄNDISCHE RAPUNZEL

Fertig in 30 Minuten

MATERIAL

- 1 Zopfgummi
- Bürste
- Stielkamm

Schritt 1:
Kämmt alle Haare zur linken Seite. Teilt ein Passé oberhalb des Ohres ab.

Schritt 2:
Unterteilt dieses Passé in drei Strähnen und flechtet einmal.

Schritt 3:
Dann beginnt ihr, den Holländischen Zopf zu flechten.

Schritt 4:
Nehmt immer eine Strähne vorne aus der Kontur und eine Strähne von den hinteren Haaren dazu.

Schritt 5:
Flechtet vorne an der Kontur entlang.

Schritt 6:
Befestigt den Zopf mit einem Haargummi.

Schritt 7:
Anschließend lockert ihr euren Zopf.

VIER-STRÄHNEN-RUNDZOPF

Fertig in 10 Minuten

MATERIAL

- 1 Haargummi

Schritt 1:
Die Ausgangsfrisur ist ein umwickelter Pferdeschwanz.

So funktioniert das Flechten mit vier Strähnen:

Schritt 2:
Teilt den Pferdeschwanz in vier gleich dicke Strähnen.

Schritt 3:
Fangt mit der Strähne Nr. 1 an. Nr. 1 wird unter Nr. 2 und Nr. 3 hergeführt.

Schritt 4:
Dann geht Nr. 1 über die Nr. 3.

Schritt 5:
Dann nehmt ihr die linke Strähne Nr. 4. Nr. 4 geht unter Nr. 3 und unter Nr. 1 und schließlich über Nr. 1 rüber.

Schritt 6:
Nehmt jetzt wieder die rechte Strähne Nr. 2. Sie geht unter Nr. 1 und Nr. 4 und schließlich über Nr. 4. Diesen Vorgang wiederholt ihr dann bis zum Ende.

Fertig in 2 Minuten

DUTT

MATERIAL

- 4 Haarnadeln
- ggf. Spitzenband

VARIANTE

Schritt 1:
Nehmt nun den Zopf in die Hand und wickelt ihn wie eine Schnecke auf.

Schritt 2:
Steckt dann den aufgedrehten Zopf mit Haarnadeln fest.

Schritt 3:
Um den Dutt zu schmücken, könnt ihr ein Band mit Spitze darumwickeln.

HOLLÄNDISCHER PONY-ZOPF

Fertig in 8 Minuten

MATERIAL

- 1 Haargummi
- Stielkamm
- Bürste

Schritt 1:
Teilt einen Seitenscheitel ab, nehmt parallel zum Seitenscheitel ein Passé auf.

Schritt 2:
Unterteilt dieses Passé in drei Strähnen und fangt an, einen halben Holländischen Zopf zu flechten. Das heißt, die rechte Strähne unter die mittlere und die linke unter die rechte Strähne.

Schritt 3:
Nehmt weitere Strähnen von oben aus dem Deckhaar. Zuerst vom Oberkopf, dann bis zum Hinterkopf und bis zur Partie über dem Ohr. Flechtet weiter, indem ihr nun neue Strähnen von der rechten Seite zur mittleren hinzunehmt. Dabei machen die neuen Strähnen einen längeren Weg, sodass ihr an der Kontur entlangflechtet.

Schritt 4:
Am Ende fixiert ihr den Zopf mit einem Haargummi. Lockert den Zopf mit beiden Händen, damit er optisch dicker wirkt.

LOCKERE FISCHGRÄTENZÖPFE

Fertig in 20 Minuten

MATERIAL

- 2 Haargummis

HAARLÄNGE

ab Ansatz mind. 50 cm

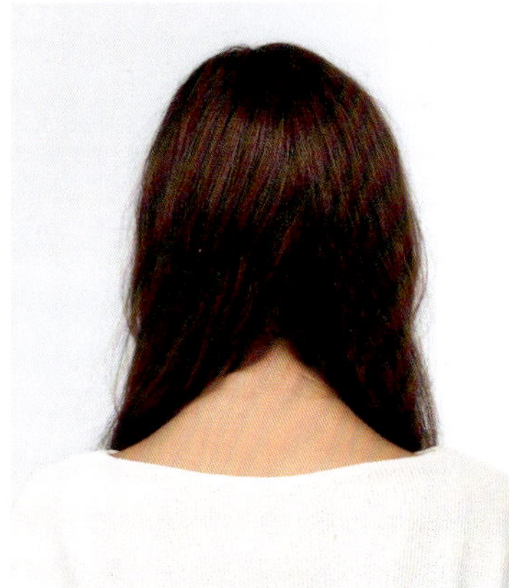

Schritt 1:
Teilt die Haare in der Mitte gleichmäßig.

Schritt 2:
Teilt die eine Seite in zwei gleich starke Zöpfe.

Schritt 3:
Nehmt eine dünne Strähne von rechts außen und gebt sie zum linken Zopf dazu.

Schritt 4:
Dann nehmt ihr eine dünne Strähne von links außen und gebt sie zum rechten Strang.

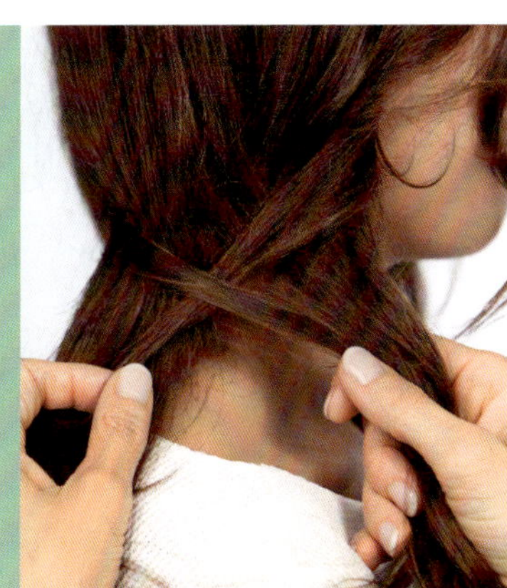

Schritt 5:
Dann nehmt wieder eine dünne Strähne von rechts außen und legt sie nach links.

Schritt 6:
Wiederholt den Vorgang, bis alle Haare aufgebraucht sind.
Den Zopf dabei immer straff halten.

Schritt 7:
Je dünner die Strähnen sind, die von außen kommen, desto feiner und schöner ist der Fischgrätenzopf. Den fertigen Zopf mit einem Haargummi festmachen.

Schritt 8:
Lockert nun den Zopf kräftig. Fangt von unten an und gehe nach oben mit dem Lockern.

Schritt 9:
Dann beginnt ihr mit der linken Seite und flechtet einen Fischgrätenzopf wie zuvor.

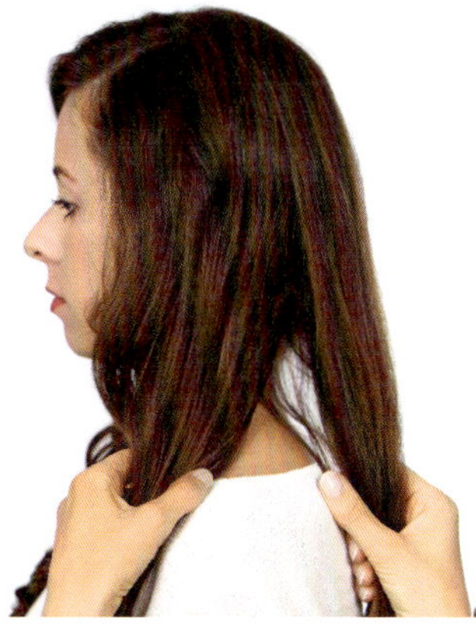

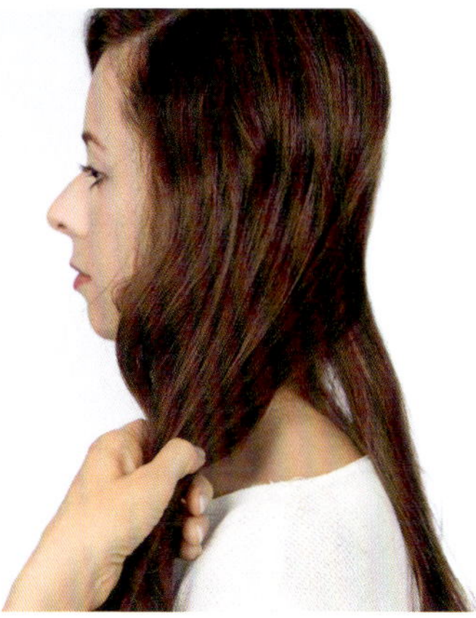

Schritt 10:
Lockert auch den linken Zopf kräftig!

Fertig in 5 Minuten

VERDREHTE FISCH-GRÄTEN-ZÖPFE

MATERIAL

- 1 Haargummi

Schritt 1:
Nehmt beide Zöpfe.

Schritt 2:
Verdreht sie miteinander.

VARIANTE

Schritt 3:
Am Ende bindet ihr ein Haargummi um beide Zöpfe.

HOLLÄNDISCHE KORDEL

Fertig in 25 Minuten

MATERIAL

- 1 Haargummi

Schritt 1:
Beginnt vorne an der Ponypartie und nehmt zwei Strähnen.

Schritt 2:
Diese zwirbelt beide in die gleiche Richtung und dreht sie gegeneinander.

Schritt 3:
Vor jeder Windung wird jedem Strang jedoch eine neue Strähne aus dem angrenzenden Haar genommen.

Schritt 4:
Wenn alles Haar aufgebraucht ist, kann die Holländische Kordel in einen Kordelzopf übergehen.

TROPFENZOPF

Fertig in 10 Minuten

MATERIAL

- 1 dickes Zopfgummi
- 1 Haarklammer
- mehrere durchsichtige Haargummis
- Bürste

HAARLÄNGE

ab Ansatz mind. 50 cm

Schritt 1:
Teilt eine dünne Strähne vom Zopf ab und wickelt diese um das Haargummi herum. Steckt das Ende mit einer Haarklammer fest.

Schritt 2:
Nun unterteilt den Zopf in zwei gleich starke Strähnen, eine oben und eine unten.

Schritt 3:
Bindet ein dünnes durchsichtiges Haargummi nach ca. 6 cm um die obere Haarsträhne.

Schritt 4:
Geht mit Daumen und Zeigefinger in die Mitte des oberen Zopfes, bildet eine Lücke und …

… greift nach dem unteren Zopf, um ihn durch den oberen Zopf zu ziehen. Jetzt sollte der untere Zopf der neue obere Zopf sein.

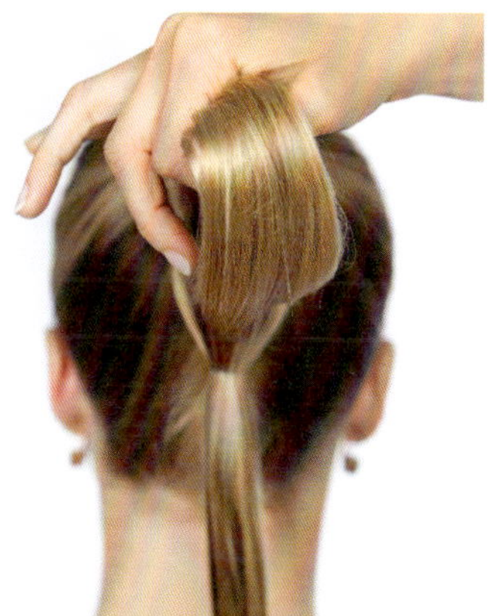

Schritt 5:
Jetzt bindet ihr erneut nach ca. 6 cm ein dünnes durchsichtiges Haargummi um den jetzt oberen Zopf.

Schritt 6:
Wiederholt den Vorgang, indem ihr wieder durch die Mitte des Zopfes mit dem Daumen und Zeigefinger geht und den unteren Zopf durch den oberen zieht. Anschließend bindet ihr wieder ein Haargummi um den Zopf. Dies wiederholt ihr bis zum Ende des Zopfes.

An das Ende des Zopfes bindet ihr ein finales Haargummi.

GEFLOCHTENER DUTT

Fertig in 30 Minuten

MATERIAL

- 1 dicke Haarklammer
- 1 Donut
- 2 Haargummis
- Haarnadeln
- Stielkamm
- Bürste
- Haarspray

Schritt 1:
Ihr beginnt mit einem hohen Pferdeschwanz.

Schritt 2:
Lasst unterhalb des Zopfes eine Strähne heraus.

Schritt 3:
Dann nehmt ihr den Donut und zieht den Zopf durch.

Schritt 4:
Teilt ein Passé aus dem Zopf ab und unterteilt dieses in zwei Strähnen. Steckt den restlichen Zopf vorübergehend mit einer Klammer fest.

Schritt 5:
Jetzt wird die untere Strähne mit den beiden oberen Strähnen einmal geflochten. Das heißt, die untere Strähne einmal über die von oben kommende Strähne und eine weitere Strähne, die von oben kommt, einmal über die untere Strähne.

Schritt 6:
Im Verlauf des Flechtens werden dann immer neue Strähnen aus dem Zopf mit eingeflochten.

Schritt 7:
Habt ihr einmal um den Donut herumgeflochten, fixiert ihr den Zopf mit einem Gummi.

Schritt 8:
Benutzt Haarnadeln, um den Donut und das Ende des Zopfes festzustecken.

Schritt 9:
Mit einem Stielkamm und Haarspray könnt ihr herausstehende Haare anlegen.

SEITLICHER FRANZÖSISCHER ZOPF

Fertig in 15 Minuten

Schwierigkeitsgrad: einfach

MATERIAL

- 1 Haargummi

Schritt 1:
Kämmt alle Haare zur linken Seite und teilt das Deckhaar in drei dicke Strähnen, flechtet diese dann einmal miteinander auf der Höhe des Kinns.

Schritt 2:
Nehmt nun zum linken Strang eine neue Haarsträhne von links außen hinzu und legt diese zusammengeführt über den mittleren Strang.

Schritt 3:
Danach nehmt ihr von rechts eine Haarsträhne zum rechten Strang hinzu, legt diese ebenfalls zusammengeführt über den mittleren Strang.

Schritt 4:
Diesen Vorgang wiederholt ihr, bis alle Haare aufgebraucht sind.

Schritt 5:
Bindet zum Schluss ein Haargummi darum.

Schritt 6:
Lockert nun den Zopf.

GEKNOTETER ZOPF

Fertig in 8 Minuten

MATERIAL

- 2 Haargummis (ein dünnes und ein dickes)
- 1 Haarnadel

Schritt 1:
Entnehmt dem Zopf eine dünne Strähne und umwickelt ihn damit.

Schritt 2:
Befestigt die Strähne mit einer Haarnadel.

Schritt 3:
Entnehmt dem Zopf erneut zwei dünne Strähnen.

Schritt 4:
Verknotet diese beiden Strähnen miteinander.

Schritt 5:
Zieht den Knoten stramm.

Schritt 6:
Führt die beiden Strähnen unter dem Zopf her, sodass sie sich kreuzen, und geht wieder hoch.

Schritt 7:
Nehmt nun zwei neue Strähnen aus dem Zopf hinzu.

Schritt 8:
Fasst nun die neue und die alte Strähne zu einer Strähne zusammen.

Schritt 9:
Knotet diese dann wieder stramm zusammen.

Schritt 10:
Ihr führt die Strähnen unter dem Zopf her. Die eine Strähne links herum, die andere rechts herum.

Schritt 11 :
Oben wieder angekommen, nehmt ihr erneut zwei Strähnen aus dem Zopf dazu und fasst sie zu einer zusammen.

Schritt 12:
Verknotet auch diese beiden Strähnen miteinander.

Schritt 13:
Diesen Vorgang könnt ihr beliebig wiederholen, je nachdem, wie lang ihr den Zopf umwickelt haben möchtet.

FLECHTZOPF FÜR KURZES HAAR

Fertig in 5 Minuten

MATERIAL

- 1 durchsichtiges dünnes Haargummi
- Stielkamm
- Haarspray

HAARLÄNGE

Deckhaar mind. 10 cm

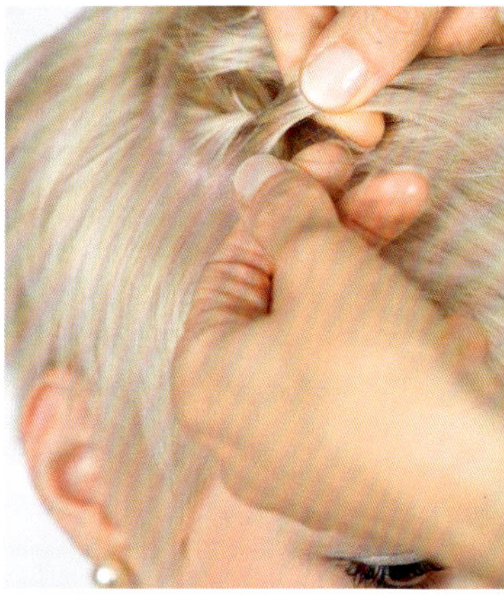

Schritt 1:
Zieht einen kurzen Scheitel auf der rechten Seite. Teilt ein dünnes Passé ab und unterteilt es in drei Strähnen. Dann beginnt ihr, einen Holländischen Zopf zu flechten.

Schritt 2:
Flechtet den Holländischen Zopf weiter von rechts nach links. Lasst dabei die Ponypartie raus.

Schritt 3:
Am Ende des Zopfes bindet ihr ein dünnes durchsichtiges Zopfgummi darum.

UMWICKELTER KNOTENZOPF

Fertig in 10 Minuten

Schwierigkeitsgrad: einfach

MATERIAL

- 1 dickes Haargummi
- 1 dünnes Haargummi

Schritt 1:
Die Ausgangsfrisur ist ein seitlicher Pferdeschwanz. Lasst die Ponypartie dabei raus.

Schritt 2:
Nehmt eine Strähne aus der Ponypartie und wickelt sie oben um den Zopf herum.

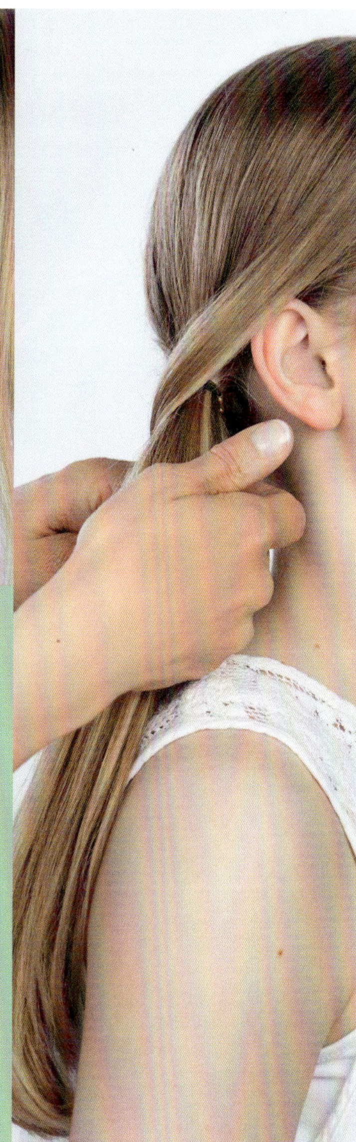

Schritt 3:
Nun geht diese Strähne von unten über sich selbst.

Schritt 4:
Zieht dann den Knoten stramm.

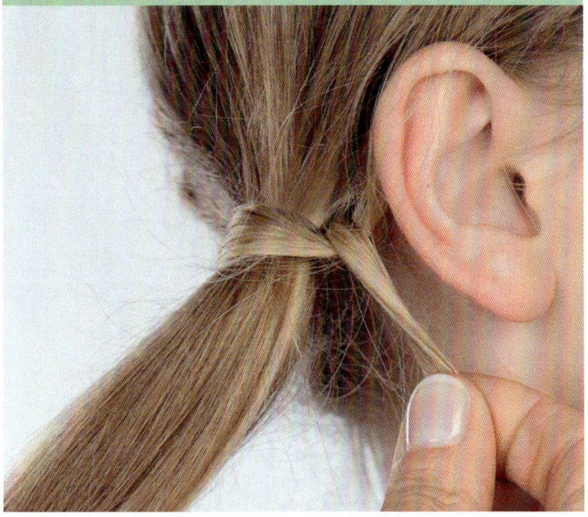

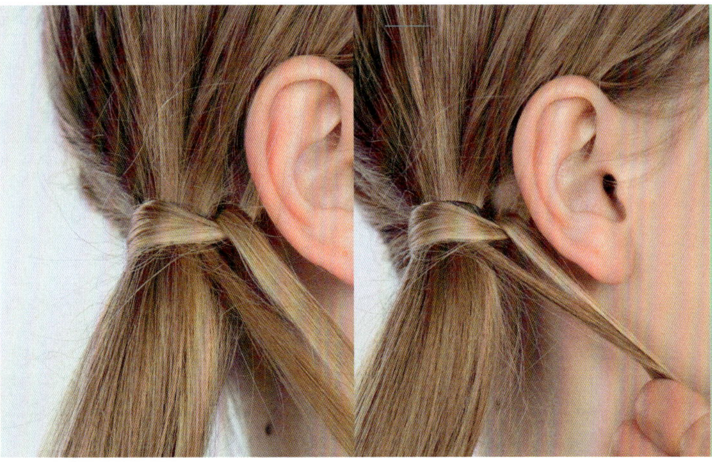

Schritt 5:
Entnehmt dem Zopf eine dünne Strähne und fasst nun die neue und alte Strähne zusammen.

Schritt 6:
Bildet eine Schlaufe mit diesen beiden Strähnen.

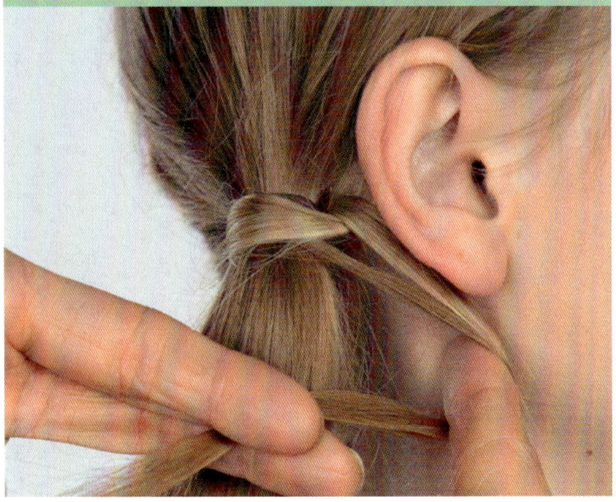

Schritt 7:
Geht mit dem Ende der Strähne hinten um den Pferdeschwanz herum.

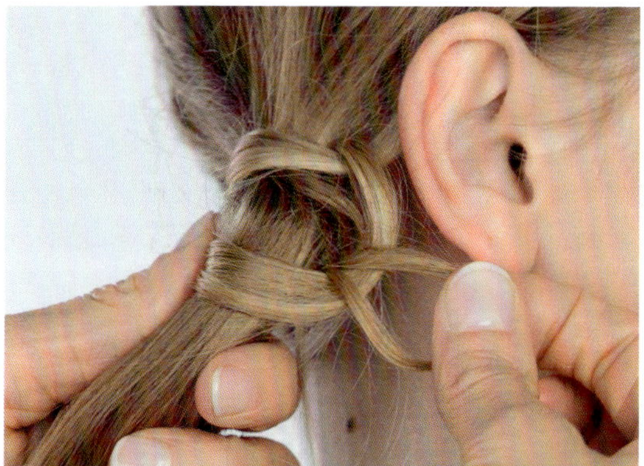

Schritt 8:
Zieht sie durch die vorher gebildete Schlaufe. Nehmt nun eine **…**

Schritt 9:
… neue Strähne aus dem Zopf zur alten hinzu und zieht den Knoten stramm.

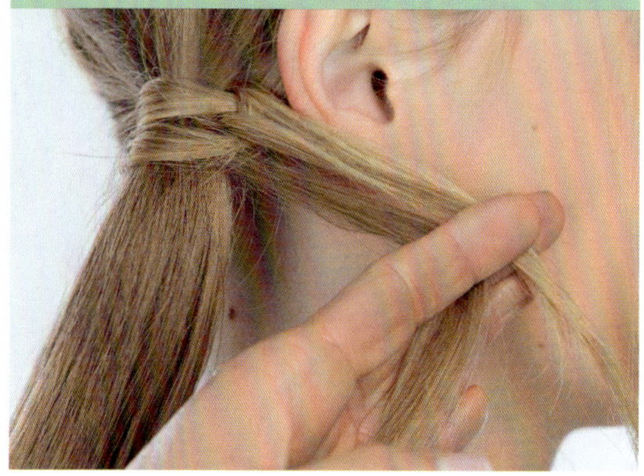

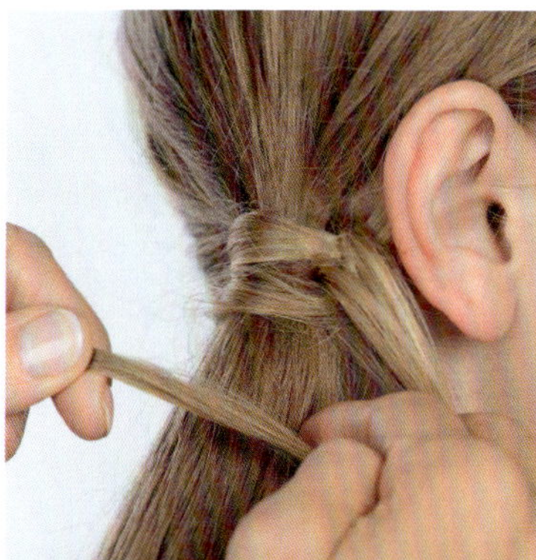

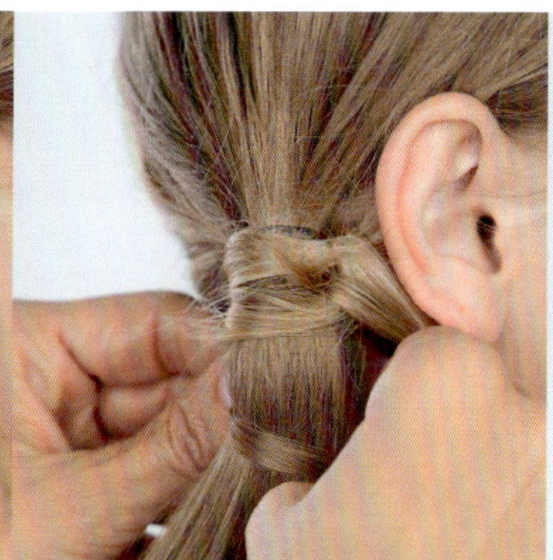

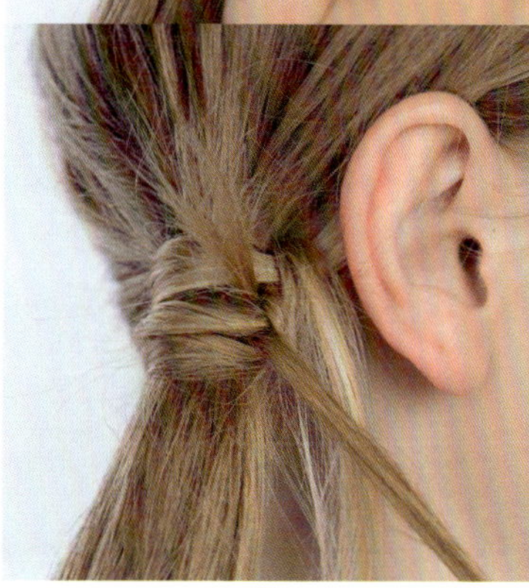

Schritt 10:
Diesen Vorgang wiederholt ihr mehrmals, je nach gewünschter Länge.

Schritt 11:
Am Ende bindet ihr ein dünnes Haargummi darum und verdreht den Knoten so, dass die abstehende Strähne hinten versteckt ist.

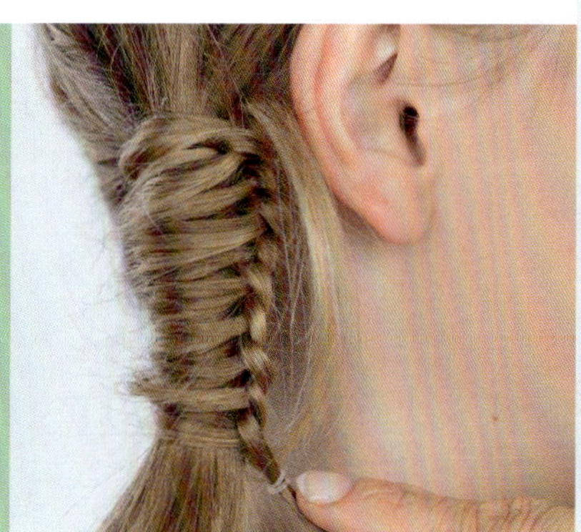

SPORTLICHER HAARKRANZ

Fertig in 15 Minuten

Schwierigkeitsgrad: mittelschwer

MATERIAL

- Bürste
- 1 Abteilklammer
- 1 Haargummi
- 3 Haarnadeln

Schritt 1:
Teilt die Haare kreisförmig am Hinterkopf ab und steckt sie mit der Abteilklammer fest.

Schritt 2:
Nun kämmt ihr die verbliebenen Haare ab Ohrhöhe nach vorne, Richtung Gesicht.

Schritt 3:
Teilt nun ein Passé oberhalb des Ohres ab. Unterteilt dieses Passé …

Schritt 4:
… in drei Strähnen. Nun dürft ihr einen halben holländischen Zopf in Richtung Stirn flechten.

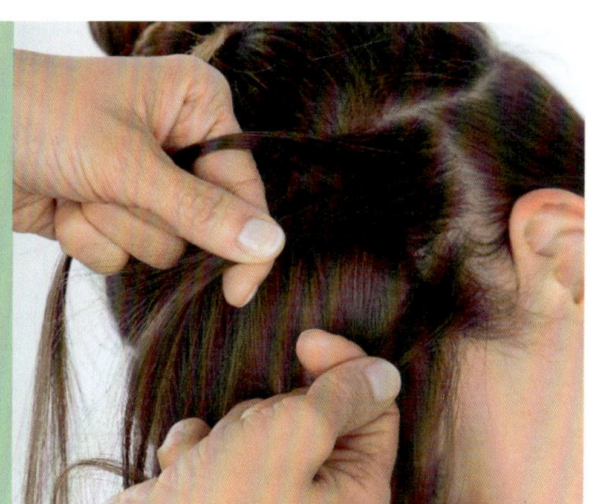

Schritt 5:
Nehmt dazu immer eine neue Strähne aus der Kontur zum Zopf dazu.

Schritt 6:
Flechtet nun einmal um den Kopf herum.

Schritt 7:
Sind alle Haare aufgebraucht, flechtet ihr den Zopf herunter und fixiert ihn mit einem Haargummi.

Schritt 8:
Steckt nun den Zopf mit Haarnadeln in dem halben holländischen Zopf fest.

Schritt 9:
Löst nun die Abteilklammer und kämmt die Haare.

ZAUBERHAFT UND EINFACH

ELFEN-HAAR

Fertig in 20 Minuten

MATERIAL

- 3 Haargummis
- 3 Curlys
- Stielkamm

Schritt 1:
Ausgehend vom Seitenscheitel teilt ihr unterhalb ein Passé von 2 x 1 cm ab. Dieses unterteilt ihr in zwei Strähnen. Kreuzt die Strähnen einmal.

Schritt 2:
Nehmt eine Strähne von oben dazu, legt diese über die eine Strähne von den ersten beiden, und legt die zweite Strähne darüber.

Schritt 3:
Dann kreuzt die ersten beiden Strähnen wieder.

Schritt 4:
Nehmt wieder eine Strähne von oben und legt diese zwischen die beiden ersten Strähnen.

Schritt 5:
Danach kreuzt sie wieder.

Schritt 6:
Diesen Vorgang wiederholt ihr bis zum Schluss.

Schritt 7:
Am Ende befestigt ihr die beiden Strähnen mit einem dünnen durchsichtigen Haargummi.

Schritt 8:
Nun teilt ihr das nächste Passé 2 x 1 cm unter dem letzten Passé ab.
Teilt auch dieses Passé in zwei Strähnen.

Schritt 9:
Kreuzt beide Strähnen.
Nehmt die vorherige dritte Strähne wieder auf und legt sie zwischen die ersten beiden Strähnen.
Kreuzt die beiden ersten Strähnen erneut.

Schritt 10:
Wiederholt den Vorgang.
Am Ende fixiert ihr die beiden Strähnen mit einem Haargummi.

Schritt 11:
Nun macht das Gleiche ein drittes Mal und benutzt immer wieder die gleiche Strähne von oben.

Schritt 12:
Das Haar sieht wie gewebt aus.

Schritt 13:
Die vordere Kontursträhne haben wir herausgelassen.

Schritt 14:
Über den Haargummis könnt ihr Curlys eindrehen. Damit sind die Haargummis versteckt.

LANGER S-ZOPF

Fertig in 20 Minuten

MATERIAL

- 1 Haargummi

HAARLÄNGE

ab Ansatz mind. 50 cm

Schritt 1:
Als Erstes teilt ihr mithilfe eines Stielkamms einen Seitenscheitel. Teilt ein Passé ab.

Schritt 2:
Unterteilt es in drei Strähnen.

Schritt 3:
Flechtet nun einmal.

Schritt 4:
Nehmt eine neue Strähne aus der Kontur dazu.

Schritt 5:
Beginnt nun, einen halben Holländischen Zopf zu flechten, indem ihr erst nur aus der Kontur, dann vom Oberkopf neue Strähnen dazunehmt und mit einflechtet.

Schritt 6:
Flechtet von rechts nach links und nehmt die Haare nur von oben dazu.

Schritt 7:
Dann wechselt und flechtet wieder in die andere Richtung. Nehmt weiter immer wieder neue Strähnen nur von oben.

Schritt 8:
Flechtet bis zur anderen Seite weiter und lasst die Strähnen, die ihr hinzunehmt, immer länger.

Schritt 9:
Auf der rechten Seite angekommen, flechtet ihr wieder in die andere Richtung.

Schritt 10:
Nehmt weiterhin die neuen Strähnen nur von oben dazu.

Schritt 11:
Wenn alle Haare aufgebraucht sind, flechtet ihr trotzdem bis zum Ende weiter.

Schritt 12:
Zum Schluss fixiert ihr das Ende mit einem Gummi.

Schritt 13:
Lockert den Zopf, damit er dicker aussieht.

LOCKERER BAUERNZOPF

Fertig in 8 Minuten

MATERIAL

- 1 Haargummi
- 1 Blümchen

Schritt 1:
Nehmt vom seitlichen Haaransatz rechts und links je eine Strähne sowie eine Strähne vom Hinterkopf, dann flechtet ihr einmal, indem ihr …

… die rechte Strähne über die mittlere Strähne und die linke über die rechte Strähne legt.

Schritt 2:
Flechtet weiter, indem ihr abwechselnd von jeder Seite eine neue Strähne vom seitlichen Haaransatz zum Zopf hinzunehmt.

Schritt 3:
Nehmt nur Strähnen von außen und achtet darauf, dass sie gleich dick sind.

Schritt 4:
Achtet darauf, dass ihr locker flechtet, die Haare darunter bleiben lockig offen.

Schritt 5:
An das Ende bindet ihr ein Haargummi. Zum Schluss steckt ein Blümchen auf das Haargummi.

SÜSSE BLUMENSPIRALEN

Fertig in 10 Minuten

MATERIAL

- 2 Haarnadeln
- 2 Curlys
- 2 Haargummis
- Stielkamm

Schritt 1:
Zieht einen hohen Seitenscheitel. Teilt unterhalb des Scheitels ein dünnes Passé auf Höhe des Ohres ab, etwa 2 cm nach der Kontur.

Schritt 2:
Unterteilt dieses Passé in drei dünne Strähnen und flechtet diese miteinander.

Schritt 3:
Am Ende des Zopfes bindet ihr ein dünnes durchsichtiges Haargummi darum.

Schritt 4:
Rollt den Zopf wie eine Schnecke auf und steckt ihn mit Haarnadeln fest. Von unten die Schnecke drehen.

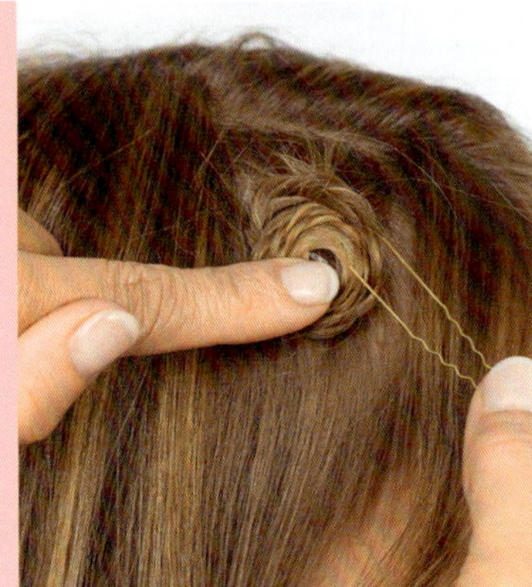

So dreht ihr schmale Schnecken auf:

Schritt 5:
Um die kleine Schnecke besser zu fixieren, eignen sich sehr gut dekorative Curlys.

Schritt 6:
Teilt ein weiteres Passé …

… links neben der Schnecke ab.

Schritt 7 – 9:
Flechtet auch diese Strähne und bindet am Ende ein Haargummi darum.

Rollt den Zopf ebenfalls wie eine Schnecke auf.

Steckt die Schnecke wieder mit einer Haarnadel fest.

ZWEI SCHNECKEN

Fertig in 25 Minuten

MATERIAL

- 4 Haarnadeln
- 2 Haargummis
- Stielkamm
- Bürste
- Haarspray

Schritt 1:
Zieht mit Hilfe eines Stielkamms einen Seitenscheitel. Teilt parallel zum Scheitel ein Passé ab und unterteilt es in drei Strähnen.

Schritt 2:
Beginnt nun, einen Holländischen Zopf zu flechten, indem ihr die rechte unter die mittlere Strähne legt und die linke unter die rechte (jetzt neue mittlere Strähne). Dann nehmt abwechselnd von jeder Seite zur mittleren Strähne eine neue hinzu. Dies wiederholt ihr viermal.

Schritt 3:
Ab jetzt nehmt ihr nur noch neue Strähnen vom Deckhaar dazu. Dies wiederholt ihr bis kurz hinterm Ohr.

Schritt 4:
Danach flechtet ihr den Zopf einfach bis zum Ende und fixiert ihn mit einem Haargummi.

Schritt 5:
Wechselt zur rechten Seite, teilt ebenfalls ein Passé parallel zum Scheitel ab.

Schritt 6:
Flechtet auch hier einen halben Französischen Zopf, d.h., ihr nehmt neue Haarsträhnen nur vom Oberkopf, bis ihr hinterm Ohr seid. Flechtet dann den Zopf bis zum Ende.

Schritt 7:
Lockert den rechten Zopf nur auf der rechten Seite – also außen – auf.

So klappt das Aufrollen:

Schritt 8:
Rollt den Zopf wie eine Schnecke auf.

Schritt 9:
Steckt die Schnecke in dem offenen Haar mit Haarnadeln fest.

Schritt 10:
Lockert den linken Zopf ebenfalls nur außen auf der linken Seite. Rollt den Zopf wie eine Schnecke auf und steckt ihn ebenfalls fest mit Haarnadeln.

HALB EINGESCHLAGENES BLUMENHAARBAND

Fertig in 10 Minuten

Schwierigkeitsgrad: einfach

MATERIAL

- Blumenhaarband
- 2 Abteilklammern

Schritt 1:
Setzt das Blumenhaarband auf den Oberkopf. Befestigt es vorübergehend rechts und links mit zwei Abteilklammern, damit es nicht verrutscht.

Schritt 2:
Fangt an der rechten Kontur an, nehmt eine dicke Strähne von vorne in die Hand.

Schritt 3:
Hebt das Haarband mit dem rechten Zeigefinger an.

Schritt 4:
Nun geht ihr mit der Haarsträhne über das Haargummi. Mit dem rechten Zeigefinger zieht ihr die Haare hinter dem Haargummi wieder runter.

Schritt 5:
Nehmt nun die nächste Haarsträhne, schlagt sie ebenfalls über das Haarband. Lasst die Haarlängen lang runterhängen.

Schritt 6:
Wiederholt diesen Vorgang, bis ihr etwas über der Mitte angekommen seid.

Schritt 7:
Nehmt eine zweite Strähne und schlagt sie wieder um das Haarband, lasst auch hier die Haarlängen lang runter.

Schritt 8:
Wechselt zur anderen Seite, nehmt die erste Strähne ebenfalls aus der Kontur und schlagt die Strähne von außen um das Haarband.

Schritt 9:
Legt nun die langen Haare nach vorne über die Schulter. Die Abteilklammern könnt ihr jetzt rausnehmen.

BLUMENKRANZ

Fertig in 15 Minuten

Schwierigkeitsgrad: einfach

MATERIAL

- 2 Haargummis
- 5 Haarklammern
- 1 Rosenkranz

Schritt 1:
Zieht einen Seitenscheitel. Nehmt an der rechten Seite unterhalb des Scheitels ein Passé auf und unterteilt dieses in drei Strähnen. Flechtet die drei Strähnen miteinander. Anschließend bindet ihr ein Haargummi darum.

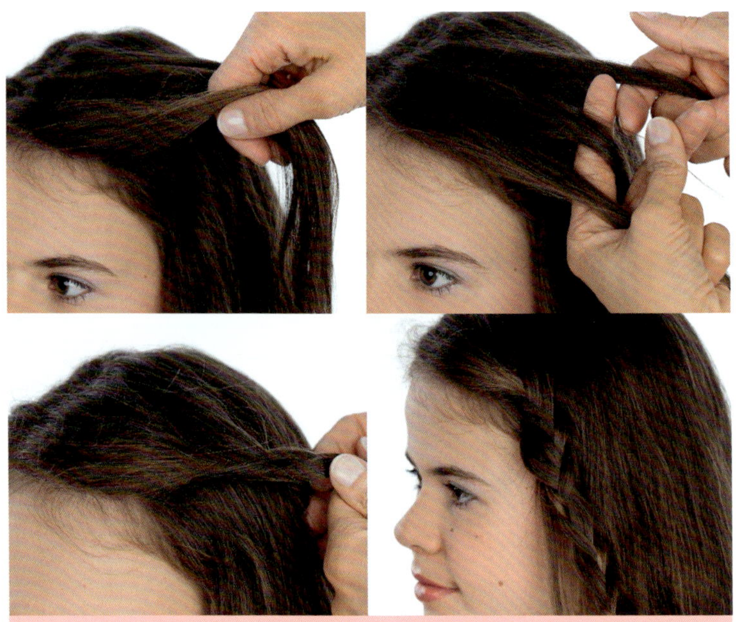

Schritt 2:
Nun nehmt das Passé von der linken Seite und unterteilt es in drei Strähnen. Auch hier flechtet ihr die drei Strähnen miteinander und bindet ein Zopfgummi darum.

Schritt 3:
Nehmt die beiden Strähnen in die Hand und kreuzt sie übereinander.

Schritt 4:
Verknotet diese beiden Strähnen miteinander.

Schritt 5:
Um den Knoten zu fixieren, steckt zwei Haarklammern hinein. Legt nun …

Schritt 6:
… einen Blumenkranz über die geflochtenen Strähnen und befestigt ihn mit Haarklammern.

KORDEL-HAARBAND

Fertig in 15 Minuten

Schwierigkeitsgrad: mittelschwer

MATERIAL

- 1 Abteilklammer
- 2 Haarnadeln
- 2 Haarklammern
- 3 dünne Haargummis

Schritt 1:
Fasst die Haare vom Oberkopf zusammen und klemmt sie mit der Abteilklammer fest. Entnehmt hinter dem linken Ohr eine dicke Haarsträhne.

Schritt 2:
Teilt diese Haarsträhne in zwei Strähnen. Dreht nun die beiden gezwirbelten Strähnen in die Gegenrichtung, …

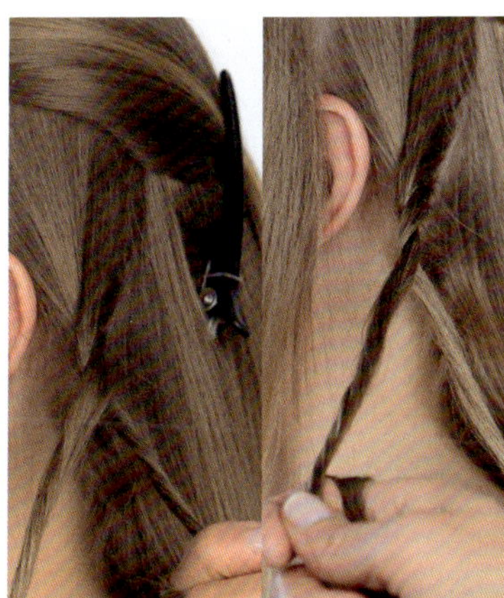

Schritt 3:
… das heißt, dreht die beiden Strähnen nach rechts und schlagt sie nach links übereinander. Dies wiederholt ihr bis zum Ende und fixiert den Zopf mit einem dünnen Haargummi.

Schritt 4:
Wechselt zur anderen Seite, entnehmt auch hier hinter dem Ohr eine dicke Haarsträhne und kordelt diese.

Schritt 5:
Löst die Abteilklammer, lasst die Haare lang runterfallen. Nehmt den gekordelten Zopf in die Hand, legt ihn über den Kopf bis zur anderen Seite und steckt ihn mit einer Haarklammer fest.

Schritt 6:
Nehmt nun den anderen Zopf, legt ihn parallel neben den ersten Zopf über den Kopf zur anderen Seite und steckt ihn ebenfalls mit Haarklammern fest.

Schritt 7:
Damit die Zöpfe parallel bleiben, fixiert sie mit Haarnadeln.

Schritt 8:
Nehmt die vordere Partie von rechts und links locker nach hinten zusammen und bindet ein dünnes durchsichtiges Haargummi darum.

AUFWENDIG & FESTLICH

TRAUMHAFTE ROSEN

Fertig in 40 Minuten

MATERIAL

- 2 Haargummis
- 6 Haarnadeln
- 2 Blümchen-Haarnadeln
- 1 große Haarklammer
- Stielkamm

Schritt 1:
Teilt den rechten Teil des Oberkopfs ab und steckt ihn fest.

Schritt 2:
Beginnt mit der Ponypartie, einen Holländischen Zopf zu flechten.

Schritt 3:
Flechtet nun einmal links um den Kopf herum und bis zum Ende des Zopfes. Fixiert das Ende mit einem Haargummi.

Schritt 4:
Lockert nun den Zopf bis zum Anfang, indem ihr rechts und links am Zopf zieht. So wirkt er optisch dicker.

Schritt 5:
Dann beginnt ihr an der rechten Seite, einen Holländischen Zopf zu flechten.

Schritt 6:
Auch diesen Zopf lockert ihr dann.

Schritt 7:
Lockert den Zopf möglichst am äußeren Rand.

Schritt 8:
Wickelt nun den Zopf wie eine Schnecke auf …

Schritt 9:
… und befestigt sie mit Haarnadeln.

Schnecken aufdrehen ist gar nicht schwer:

Schritt 10:
Nun sieht der Zopf aus wie eine Rose. Durch ein kleines Blümchen wird dieser Eindruck noch verstärkt.

Schritt 11:
Ihr könnt entweder einen langen Zopf lassen oder den zweiten Zopf ebenfalls wie eine Rose aufwickeln und mit Haarnadeln feststecken.

GEKORDELTER HAARKRANZ

Fertig in 40 Minuten

MATERIAL

- 2 Haargummis
- 8 Haarnadeln

Schritt 1:
Beginnt mit einem Passé an der Stirn. Teilt dieses Passé in zwei Strähnen und dreht bzw. zwirbelt beide Strähnen in die gleiche Richtung. In diesem Fall rechts herum.

Schritt 2:
Dann schlagt die Strähnen nach links, also gegenläufig, über.

Schritt 3:
Vor jeder Drehung wird jedem Strang jedoch eine neue Strähne aus dem angrenzenden Haar zugeführt.

Schritt 4:
Kordelt das Haar bis zur Mitte des Hinterkopfes, dann den Zopf entlang. Am Ende befestigt den gekordelten Zopf mit einem Haargummi.

Schritt 5:
Geht nun zur rechten Seite, unterteilt das Passé wieder in zwei Strähnen.

Schritt 6:
Zwirbelt die beiden Strähnen wieder in die gleiche Richtung und schlagt sie gegenläufig übereinander. D. h. rechts zwirbeln, links übereinanderschlagen.

Schritt 7:
Nehmt immer wieder eine Strähne dazu, die dann mitgezwirbelt wird.

Schritt 8:
Am Ende angekommen, wird dieser Zopf ebenfalls mit einem Haargummi befestigt.

Schritt 9:
Legt nun den einen gekordelten Zopf über den anderen, schlagt das Ende nach innen ein.

Schritt 10:
Steckt den Zopf mit Haarnadeln fest und achtet darauf, dass das Ende des Zopfes versteckt ist.

Schritt 11:
Nehmt nun den anderen gekordelten Zopf, schlagt ihn ein, und steckt ihn ebenfalls mit Haarnadeln fest.

Tipps & Tricks zum Feststecken:

STECKFRISUR AUS VIER GEFLOCHTENEN STRÄHNEN

Fertig in 35 Minuten

Schwierigkeitsgrad: mittelschwer

MATERIAL

- Toupierkamm
- 4 Haargummis
- 16 Haarnadeln
- Haarschmuck

Schritt 1:
Teilt eine Strähne vorne an der Stirn ab und toupiert diese. Teilt erneut …

Schritt 2:
… ein Passé ab und toupiert auch diese Strähne. Diesen Vorgang wiederholt ihr, bis der Oberkopf toupiert ist.

Schritt 3:
Legt nun die toupierten Haarsträhnen nach hinten und kämmt die obere Fläche mit dem Stielkamm sauber und glatt. Durch das Toupieren bekommt der Oberkopf mehr Höhe.

Schritt 4:
Teilt die hinteren Haare in zwei Hälften.

Schritt 5:
Unterteilt die eine Hälfte in drei dicke Strähnen und flechtet sie locker miteinander. Am Ende bindet ihr ein Haargummi darum.

Schritt 6:
Teilt nun die andere Seite in drei Strähnen und flechtet auch diese miteinander. Auch hier bindet ihr ein Haargummi um das Ende.

Schritt 7:
Rollt jetzt den linken Zopf wie eine Schnecke auf.

Schritt 8:
Steckt sie mit Haarnadeln fest.

Schritt 9:
Nun rollt ihr den rechten Zopf auf und steckt ihn ebenfalls mit Haarnadeln fest.

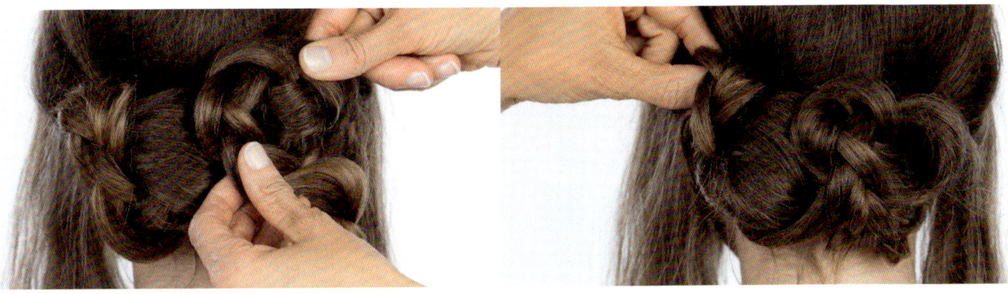

Schritt 10:
Nehmt nun die rechte Seite in die Hand, unterteilt sie in drei Strähnen und flechtet diese locker miteinander. Am Ende bindet ihr ein Haargummi darum.

Schritt 11:
Lockert den Zopf.

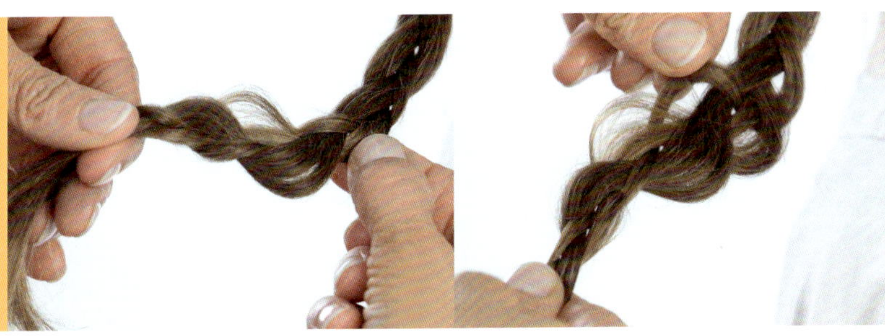

Schritt 12:
Legt den Zopf nun über die beiden Schnecken. Schlagt das Ende ein und steckt den Zopf mit Haarnadeln fest.

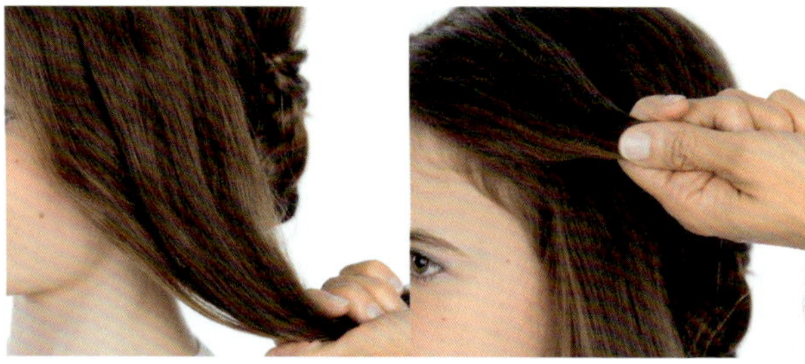

Schritt 13:
Teilt ein Passé unterhalb des Scheitels auf der linken Seite ab.

Schritt 14: Flechtet nun einen holländischen Zopf und bindet am Ende ein Haargummi darum.

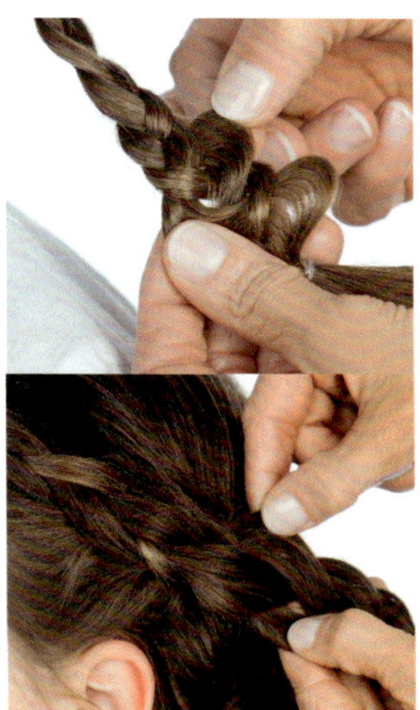

Schritt 15:
Lockert auch diesen Zopf und legt ihn …

Schritt 16:
… hinten über die Schnecken. Steckt ihn fest.

ROMANTISCHE STECKFRISUR

Fertig in 35 Minuten

Schwierigkeitsgrad: knifflig

MATERIAL

- 12 Haarnadeln und Haarklammern
- 3 Haargummis
- 1 Haarreif

Schritt 1:
Teilt den Hinterkopf ab und nehmt die Haare in die Hand.

Schritt 2:
Unterteilt die Haare in drei gleich starke Strähnen.

Schritt 3:
Flechtet nun die drei Strähnen miteinander zu einem Zopf.

Schritt 4:
Entnehmt dem Zopf eine dünne Strähne, haltet sie fest und schiebt den Rest des Zopfes nach oben.

Schritt 5:
Oben angekommen, steckt den Zopf mit Haarnadeln fest.

Schritt 6:
Zieht jetzt die Haare von der linken Seite zur rechten Seite.

Schritt 7:
Unterteilt diese Haare wieder in drei Strähnen …

Schritt 8:
… und flechtet auch diese miteinander zum Zopf.

Schritt 9:
Entnehmt auch diesem Zopf eine dünne Strähne, haltet sie fest und schiebt den Rest der Haare nach oben.

Schritt 10:
Steckt auch diesen Zopf mit Haarnadeln fest.

Schritt 11:
Nehmt nun die unteren Haare, flechtet auch diese einfach miteinander. Unten angekommen, haltet ihr …

Schritt 12:
… wieder eine dünne Strähne aus dem Zopf fest und schiebt den Rest der Haare wieder nach oben, Richtung Kopf.

Schritt 13:
Nun steckt ihr diese Haare ebenfalls mit Haarnadeln fest.

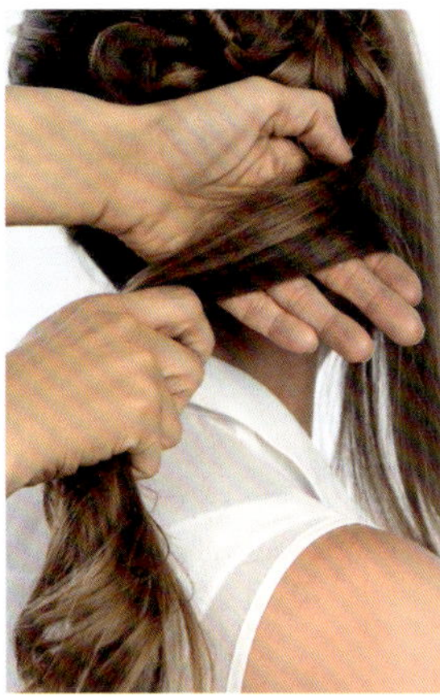

Schritt 14:
Nehmt einen Teil der vorderen Haare, schlagt sie um die Hand und steckt die Rolle mit Haarnadeln fest.

Schritt 15:
Nehmt die Haare vom Pony, dreht sie nach außen und steckt sie über der Rolle fest.

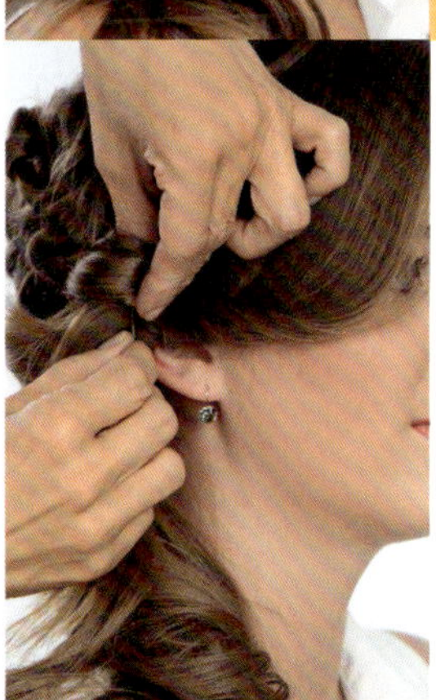

Anmerkung:
Die Steckfrisur könnt ihr mit oder ohne Haarreifen tragen.:-)

FISCHGRÄTEN-ZOPF GEZIERT MIT EINER ROSE

Fertig in 40 Minuten

Schwierigkeitsgrad: mittelschwer

MATERIAL

- Bürste
- 1 große Abteilklammer
- 2 dünne Haargummis
- 4 Haarnadeln
- 1 Nadel mit Blüte

Schritt 1:
Teilt den Oberkopf ab und dreht die Haare. Steckt sie mit einer großen Abteilklammer fest.

Schritt 2:
Unterteilt die unteren Haare in zwei dicke Strähnen.

Schritt 3:
Nun nehmt ihr eine dünne Strähne von rechts außen und legt diese rüber zum linken Strang.

Schritt 4:
Zieht nun aus dem linken Zopf eine dünne Strähne heraus und legt diese rüber zum rechten Zopf.

Schritt 5:
Wiederholt diesen Vorgang bis zum Ende.

Schritt 6:
Am Ende des Zopfes fixiert ihr die Haare mit einem Zopfgummi.

Schritt 7:
Lockert nun den Fischgrätenzopf. Löst jetzt die …

Schritt 8:
… große Abteilklammer, kämmt die Haare herunter und fasst sie zusammen.

Schritt 9:
Flechtet nun einen einfachen Drei-Strähnen-Zopf und bindet ein Haargummi an das Ende.

Schritt 10:
Lockert nun den Zopf, möglichst rechts außen, und dreht ihn auf wie eine Schnecke.

Schritt 11:
Befestigt die Schnecke mit Haarnadeln.

Schritt 12:
Nun sieht der Zopf aus wie eine Rose. Durch ein kleines Blümchen wird dieser Eindruck noch verstärkt.

HITS FÜR KIDS

DUTT MIT HERZCHEN

Fertig in 25 Minuten

Schwierigkeitsgrad: mittelschwer

MATERIAL

- Bürste
- Stielkamm
- 1 Knotenring
- 3 dicke Haargummis
- 4 dünne Haargummis
- 1 Curly
- 2 Haarklammern

Schritt 1:
Zieht den Zopf durch den Knotenring hindurch.

Schritt 2:
Verteilt mit einer Bürste gleichmäßig alle Haare um den Knotenring. Nehmt ein dickes Haargummi und bindet es um den Knotenring herum.

Schritt 3:
Die Haarlängen, die unter dem Knotenring hervorschauen, fasst ihr zu einer dicken Haarsträhne zusammen.

Schritt 4:
Unterteilt die dicke Strähne in drei dünne Strähnen und flechtet jede zu einem einfachen Drei-Strähnen-Zopf.

Schritt 5:
Nehmt nun die ersten beiden Zöpfe in die Hand und bindet im unteren Bereich ein Zopfgummi darum, zieht die Zöpfe nicht ganz durch, sondern lasst unten eine kleine Schlaufe.

Schritt 6:
Nehmt die beiden Strähnen jetzt zusammen, bindet ein dünnes durchsichtiges Haargummi darum und formt daraus ein Herzchen.

Schritt 7:
Den dritten Zopf wickelt ihr nun einmal um den Dutt und steckt ihn mit Haarklammern fest.

Schritt 8:
Auf das Ende des Herzchens könnt ihr ein Curly drehen.

SCHNECKEN-ZÖPFE

Fertig in 15 Minuten

MATERIAL

- 4 dünne Haargummis
- 6 Haarnadeln
- 2 Curlys
- Stielkamm

Schritt 1:
Ausgangsfrisur sind zwei seitliche Zöpfe jeweils dicht hinter dem Ohr. Teilt euch zwei dünne Strähnen oberhalb aus dem Zopf ab. Zwirbelt die Srähnen in die gleiche Richtung.

Schritt 2:
Zwirbelt beide Strähnen weiter in die gleiche Richtung und dreht sie gegenläufig. Dies wiederholt ihr bis zum Ende.

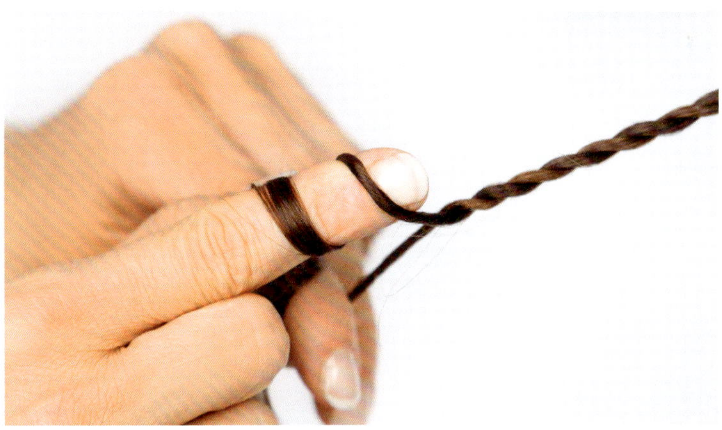

Schritt 3:
Möglichst weit bis unten drehen, sodass nur noch ein kleines Ende unten herausguckt. Bindet am Ende ein dünnes Haargummi darum.

Schritt 4:
Dreht nun den gekordelten Zopf wie eine Schnecke auf.

Schritt 5:
Steckt die Schnecke mit einer Haarnadel fest.

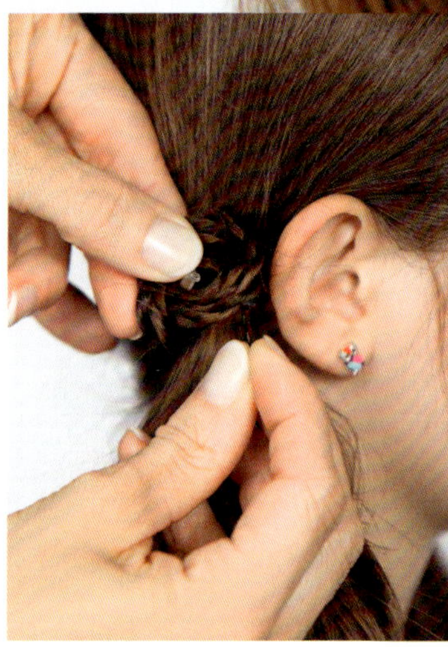

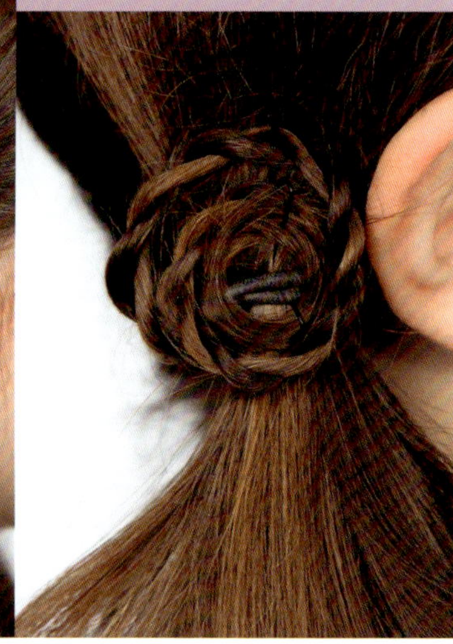

Schritt 6:
Entnehmt wieder zwei dünne Strähnen oben aus dem Zopf. Kordelt auch diese beiden Strähnen und bindet ein Haargummi darum.

Schritt 7:
Dreht auch diesen gekordelten Zopf so über den anderen, dass die Schnecke größer wird, und steckt ihn mit Haarnadeln fest .

So dreht ihr schmale Schnecken auf:

HERZCHENZOPF

Fertig in 15 Minuten

MATERIAL

- 3 Haargummis
- 2 dicke Haarklammern
- 1 Abteilklammer
- 1 Edelweiß-Curly
- Stielkamm

Schritt 1:
Als Erstes teilt ihr einen Mittelscheitel bis zum Hinterkopf ab. Von dort aus einen diagonalen Scheitel (4 cm lang) nach rechts und nach links.

Schritt 2:
Dann nehmt ihr ein dünnes Passé aus der Spitze, unterteilt es in drei Strähnen. Flechtet dreimal normal nach vorne zur Stirn. Nehmt dann nur von oben neue Strähnen dazu. Flechtet nun einen halben Holländischen Zopf.

So gelingt euch der Anfang vom Herzchen-Zopf:

Schritt 3:
Nehmt nun neue Strähnen hinzu: erst am Mittelscheitel entlang, übergehend in die Kontur bis zum Ohr.

Schritt 4:
Ab der Höhe des Ohres nehmt ihr keine neuen Strähnen mehr dazu, sondern flechtet den Zopf normal weiter.

Schritt 5:
Am Ende fixiert ihr den Zopf mit einem Haargummi. Die andere Seite flechtet ihr ebenfalls mit einem halben Holländischen Zopf.

Schritt 6:
Fasst beide Zöpfe mit einem Gummi zusammen, sodass ein Herzchen entsteht. Am Ende schmückt ihr den Zopf mit einem Edelweiß-Curly.

Fertig in 8 Minuten

HERZCHEN-DUTT

MATERIAL

- 2 Haargummis
- 2 Haarklammern
- 2 Haarnadeln
- 1 Donut
- Blumenkranz

VARIANTE

Schritt 1:
Fasst den Rest der Haare zu einem Zopf zusammen.

Schritt 2:
Nehmt einen Donut.

Schritt 3:
Zieht den Zopf durch.

Schritt 4:
Verteilt alle Haare um den Donut herum.

Schritt 5:
Nehmt ein Haargummi und bindet es um den Donut.

Schritt 6:
Die Haare, die herausstehen, bündelt ihr zu einer

Haarsträhne und wickelt sie um den Donut herum, sodass das Haargummi nicht mehr zu sehen ist. Ihr befestigt diese Strähne mit Haarklammern.

Schritt 7:
Die Enden der beiden geflochtenen Zöpfe steckt ihr ebenfalls fest.

Schritt 8:
Nun dürft ihr den Dutt mit einem Blumenkranz schmücken.

DIRNDL-FRISUR

Fertig in 10 Minuten

MATERIAL

- 2 Curlys
- 4 Haargummis
- 2 Haarnadeln
- 4 Haarklammern

HAARLÄNGE

ab Ansatz mind. 50 cm

Schritt 1:
Ausgangsfrisur sind zwei gleichmäßige Seitenzöpfe oberhalb der Ohren. Entnehmt dem linken Zopf oben eine dünne Strähne …

Schritt 2:
… wickelt nun die dünne Strähne um den Zopf.

Schritt 3:
Steckt die Strähne so mit einer Haarnadel fest, dass man das Haargummi nicht mehr sieht.

Schritt 4:
Fangt nun an, den Zopf zu flechten, indem ihr die rechte Strähne über die Mitte und die linke über die ehemals rechte Strähne legt. Dies wiederholt ihr bis

zum Ende des Zopfes. Am Ende fixiert ihr den Zopf mit einem Haargummi.

Schritt 5:
Das Gleiche macht ihr nun mit dem rechten Zopf, sodass wir zwei geflochtene Zöpfe haben.

Schritt 6:
Nehmt den rechten Zopf und steckt das Ende des Zopfes am Anfang des linken Zopfes mit Haarklammern fest.

Schritt 7:
Dann nehmt ihr den linken Zopf und steckt das Ende am rechten Zopfanfang ebenfalls mit Haarklammern fest.

KORDELZÖPFE

Fertig in 8 Minuten

MATERIAL

- 2 Zopfgummis
- Stielkamm

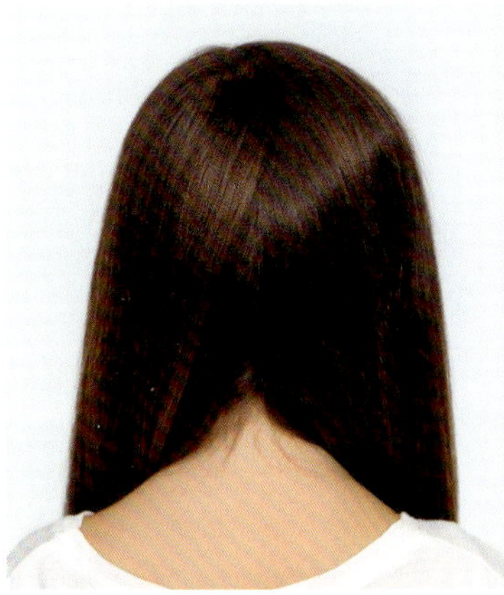

Schritt 1:
Zieht einen Mittelscheitel von der Stirn bis zum Nacken.

Schritt 2:
Teilt die rechte Seite in zwei dicke Strähnen.

Schritt 3:
Dreht nun die beiden gezwirbelten Strähnen in die Gegenrichtung, …

… das heißt, dreht die beiden Strähnen nach rechts und schlagt sie nach links übereinander. Dies wiederholt ihr bis zum Ende und fixiert den Zopf mit einem dünnen Haargummi.

SCHLAUFENZOPF

Fertig in 30 Minuten

MATERIAL

- 1 Haargummi
- 1 Haarklammer
- 1 Haarnadel
- Wasserspritze
- Stielkamm
- Haarspray

Schritt 1:
Teilt am linken Oberkopf einen Halbkreis ab und steckt die Haare mit einer Haarklammer fest.

Schritt 2:
Dann flechtet ihr einen Holländischen Zopf von der linken zur rechten Seite rüber.

Schritt 3:
Fixiert den Zopf mit einem Haargummi.

Schritt 4:
Nehmt nun eine dünne Strähne vom vorher abgeteilten Oberkopf.

Schritt 5:
Steckt eine Haarnadel durch den zuvor geflochtenen Holländischen Zopf. Formt eine Schlaufe mit der Strähne, die ihr vom Oberkopf entnommen habt. Fädelt nun die Schlaufe durch die Haarnadel.

Schritt 6:
Haltet die Schlaufe oben fest und zieht die Haarnadel mit dem langen Ende der Schlaufe wieder zurück.

So gelingen die Schlaufen:

Schritt 7:
So entsteht eine Schleife.

Schritt 8:
Versteckt das Ende der Strähne hinter dem geflochtenen Zopf.

Schritt 9:
Beginnt dann wieder von vorne, indem ihr die Haarnadel wieder durch den geflochtenen Zopf steckt.

Schritt 10:
Entnehmt nun wieder eine dünne Strähne, befeuchtet diese und zieht sie wieder als Schlaufe durch den Zopf.

Schritt 11:
Wiederholt den Vorgang, bis keine Haare mehr übrig sind.

ZWEI-HERZCHEN-ZOPF

Fertig in 35 Minuten

Schwierigkeitsgrad: mittelschwer

MATERIAL

- 2 dickes Haargummis
- 6 Curlys in Blümchenform
- 6 dünne Haargummis

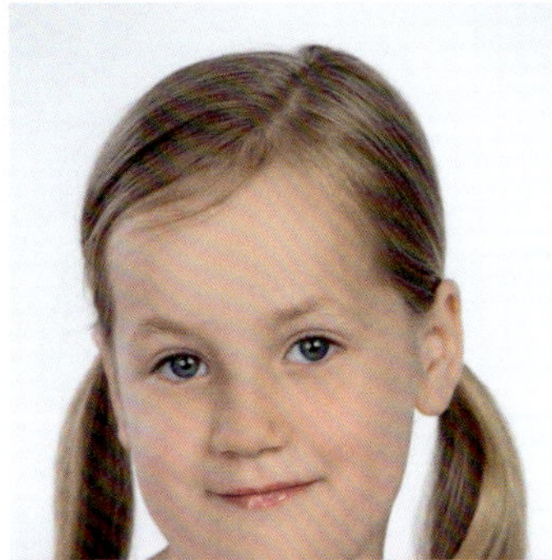

Schritt 1:
Die Ausgangsfrisur sind zwei Zöpfe.

Schritt 2:
Entnehmt dem Zopf eine dünne Strähne.

Schritt 3:
Flechtet den Zopf und bindet anschließend ein Haargummi darum.

Schritt 4:
Entnehmt dem Zopf eine weitere Strähne.

Schritt 5:
Auch diesen Zopf flechtet ihr. Haltet beide Zöpfe hoch…

Schritt 6:
… und bindet ein dünnes Haargummi um die beiden Zopfenden.

Schritt 7:
Nun lasst ihr die Zöpfe wieder runterfallen, legt sie jeweils nach rechts und nach links und fasst sie unten zusammen, …

Schritt 8:
… so dass es wie ein Herzchen aussieht. Bindet ein dünnes Haargummi um die Zöpfe und den Zopf. Dreht ein kleines Blümchen …

Schritt 9:
… oben ins Herzchen. Unter dem Herzchen entnehmt ihr wieder dem Zopf zwei Strähnen und flechtet diese.

Schritt 10:
Haltet die Zöpfe wieder hoch und bindet ein dünnes Haargummi unten darum. Legt die Zöpfe wieder …

Schritt 11:
… auseinander, fasst sie unten zusammen und bindet ein Haargummi darum, so dass ihr ein zweites Herzchen habt.

Schritt 12:
Verziert die beiden Herzchen mit drei Curlys.

DREI BLÜMCHEN

Fertig in 10 Minuten

Schwierigkeitsgrad: mittel

MATERIAL

- Stielkamm
- 3 dünne Haargummis (Loom-Bänder)

Schritt 1:
Zieht einen Seitenscheitel und entnehmt eine dünne Strähne unterhalb vom Scheitel.

Schritt 2:
Nehmt ein Loom-Band in die Hand.

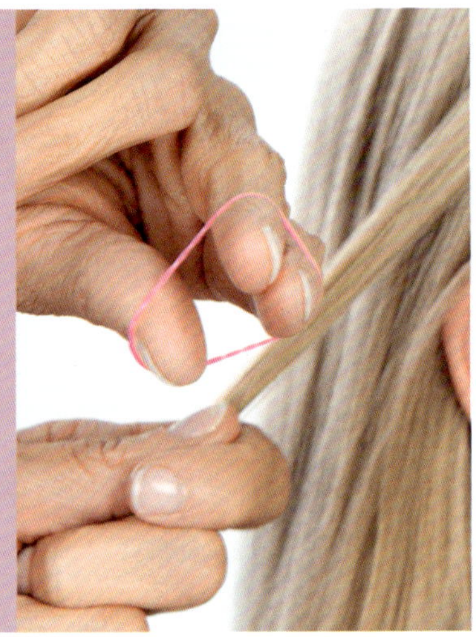

Schritt 3:
Geht mit dem Loom-Band hinter die Haare und zieht die Haarsträhne 2 cm durch, so dass eine Schlaufe um den Finger entsteht.

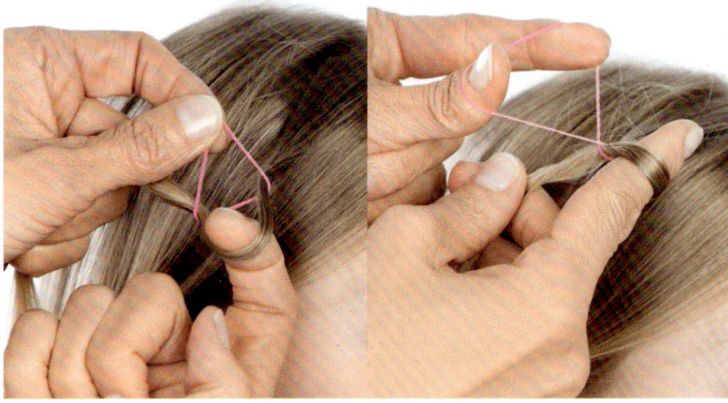

Schritt 4:
Dreht jetzt das Loom-Band einmal, so dass es sich kreuzt. Danach geht ihr wieder …

Schritt 5:
… mit dem Zeigefinger durch das Loom-Band, geht mit dem Zeigefinger unter die Haarsträhne und zieht sie durch das Loom-Band, so dass sich eine Schlaufe um den Zeigefinger bildet, wie beim Stricken. Dann dreht ihr das Loom-Band wieder.

Schritt 6:
Erneut geht ihr mit dem Zeigefinger durch das Loom-Band, holt wieder eine Haarsträhne und bildet eine Schlaufe. Diesen Vorgang wiederholt ihr, bis ihr vier Schlaufen habt.

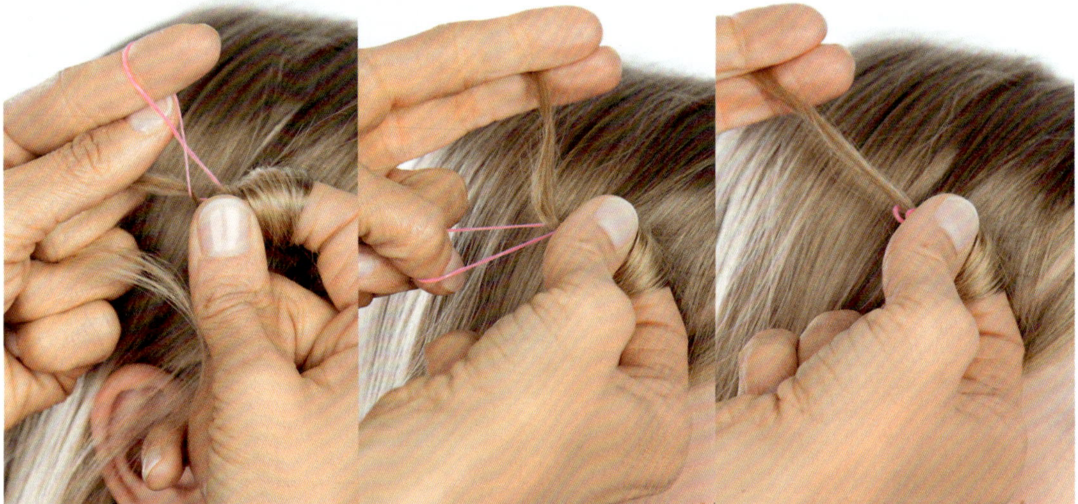

Schritt 7:
Bindet dann das Loom-Band stramm darum.

Schritt 8:
Nun lasst ihr die Schlaufen eine nach der anderen fallen. Den Rest der Strähne lasst ihr lang herunterhängen. Fertig ist das Blümchen.

Schritt 9:
Nehmt eine neue Strähne neben dem Blümchen auf und wiederholt den Vorgang.

Schritt 10:
So lasst ihr ein neues Blümchen entstehen.

Schritt 11:
Nehmt nun eine dritte Strähne und formt wieder ein Blümchen.

AUTORENPORTRÄT

Christiane Wegner, Jahrgang 1969, wurde in Münster geboren und lebt in Drensteinfurt. Sie ist Friseurmeisterin und Betriebswirtin ihres Handwerks. Seit 17 Jahren führt sie erfolgreich ihren Salon „Christiane Högemann Frisuren" in Münster und arbeitet immer wieder als Honorardozentin für die Handwerkskammer. 2013 wurde Christiane Wegner mit dem „Goldwell Color Zoom Award" ausgezeichnet und trat im internationalen Wettbewerb in Los Angeles für Deutschland an. Beim Award 2014 war sie Mitglied der nationalen Jury. Christiane Wegner ist verheiratet und Mutter von drei Kindern. Ihre Töchter sind im besten Zöpfe-Flecht-Alter und haben für reichlich Inspiration gesorgt.

VIDEOVERZEICHNIS

SEITE 13:

STRÄHNEN UND ZÖPFE FESTSTECKEN

Link: http://www.lv-buch.de/redirect/flechten/index.php?video=05

SEITE 15:

EINFACHER DREI-STRÄHNEN-ZOPF

Link: http://www.lv-buch.de/redirect/flechten/index.php?video=03

SEITE 16:

FRANZÖSISCHER ZOPF

Link: http://www.lv-buch.de/redirect/flechten/index.php?video=01

SEITE 17:

HOLLÄNDISCHER ZOPF

Link: http://www.lv-buch.de/redirect/flechten/index.php?video=02

SEITE 18:

FISCHGRÄTENZOPF

Link: http://www.lv-buch.de/redirect/flechten/index.php?video=04

SEITE 30:

VIER-STRÄHNEN-RUNDZOPF

Link: http://www.lv-buch.de/redirect/flechten/index.php?video=10

SEITE 86:

SÜSSE BLUMENSPIRALEN

Link: http://www.lv-buch.de/redirect/flechten/index.php?video=06

SEITE 109

TRAUMHAFTE ROSEN

Link: http://www.lv-buch.de/redirect/flechten/index.php?video=07

SEITE 119

GEKORDELTER HAARKRANZ

Link: http://www.lv-buch.de/redirect/flechten/index.php?video=05

SEITE 145:

SCHNECKENZÖPFE

Link: http://www.lv-buch.de/redirect/flechten/index.php?video=06

SEITE 147:

HERZCHEN-ZOPF

Link: http://www.lv-buch.de/redirect/flechten/index.php?video=11

SEITE 162

SCHLAUFENZOPF

Link: http://www.lv-buch.de/redirect/flechten/index.php?video=08

FRISUREN
Christiane Wegner, info@hoegemann-frisuren.de

LEKTORAT
Saskia Thiele, www.saskiathiele.de

GESTALTUNG
Monika Wagenhäuser, LV-Buch, Nina Eckes, www.nina-eckes.de

FOTOGRAFIE
Eileen Gruschka, www.eileengruschka.de

MAKE-UP
Corinna Lemmer, www.corinna-cosmetic.com

VIDEOS
Christian Brinkrolf, Krea'Tec im Landwirtschaftsverlag

Genehmigte Lizenzausgabe für Weltbild GmbH & Co. KG, Steinerne Furt,
86167 Augsburg

Umschlaggestaltung: Maria Seidel, atelier-seidel.de
Gesamtherstellung: Neografia, a.s. printing house, Martin

978-3-8289-4408-4

2018 2017 2016
Die letzte Jahreszahl gibt die aktuelle Lizenzausgabe an.

Einkaufen im Internet:
www.weltbild.de